D0897928

REJETÉ
DISCARD

BCA

LE SOURIRE
DE LETICIA

918.61
m6445

DEC '16
✓

**MANU
MILITARI**

LE SOURIRE
DE LETICIA

BEACONSFIELD
Bibliothèque - Library
303 boul Beaconsfield,
Beaconsfield QC H9W 4A7

S T A N ⟨ É
Une société de Québecor Média

Catalogage avant publication de Bibliothèque et Archives nationales du Québec et Bibliothèque et Archives Canada

Militari, Manu, 1979-
    Le sourire de Leticia
    ISBN 978-2-7604-1127-2
    1. Militari, Manu, 1979-   - Voyages - Colombie. 2. Colombie - Mœurs et coutumes. 3. Rappeurs - Québec (Province) - Voyages. I. Titre.

F2260.M54 2016   986.1   C2016-941538-4

Édition : Marie-Eve Gélinas
Révision et correction : Maryem Panaitescot-Taje et Sabine Cerboni
Couverture et mise en pages : Clémence Beaudoin
Photo de l'auteur : Melika Dez

Remerciements
Nous remercions le Conseil des Arts du Canada et la Société de développement des entreprises culturelles du Québec (SODEC) du soutien accordé à notre programme de publication. Gouvernement du Québec – Programme de crédit d'impôt pour l'édition de livres – gestion SODEC.

 Financé par le gouvernement du Canada | Canadä

Tous droits de traduction et d'adaptation réservés ; toute reproduction d'un extrait quelconque de ce livre par quelque procédé que ce soit, et notamment par photocopie ou microfilm, est strictement interdite sans l'autorisation écrite de l'éditeur.

© Les Éditions internationales Alain Stanké, 2016

Les Éditions internationales Alain Stanké
Groupe Librex inc.
Une société de Québecor Média
La Tourelle
1055, boul. René-Lévesque Est
Bureau 300
Montréal (Québec) H2L 4S5
Tél. : 514 849-5259
Téléc. : 514 849-1388
www.edstanke.com

Dépôt légal – Bibliothèque et Archives nationales du Québec et Bibliothèque et Archives Canada, 2016

ISBN : 978-2-7604-1127-2

Distribution au Canada
Messageries ADP inc.
2315, rue de la Province
Longueuil (Québec) J4G 1G4
Tél. : 450 640-1234
Sans frais : 1 800 771-3022
www.messageries-adp.com

Diffusion hors Canada
Interforum
Immeuble Paryseine
3, allée de la Seine
F-94854 Ivry-sur-Seine Cedex
Tél. : 33 (0)1 49 59 10 10
www.interforum.fr

Un tinto en Leticia

L'hôtel où je suis est plein de vrais voyageurs, hippies, aventuriers et autres rêveurs éternels. On se douche à l'eau de pluie restée dans une réserve sur le toit. Le jet est fin et plutôt froid par rapport à la chaleur étouffante qu'il fait ici. On est quatre dans la chambre et on doit en traverser une autre pour arriver dans la nôtre. On laisse la porte du balcon grande ouverte, de toute façon on n'a pas de moustiquaire, et on a chacun une petite fan devant nos lits pour faire un peu de vent.

La fan tournoie dans mon oreille, il est environ 6 heures du matin, les oiseaux s'en donnent à cœur joie, les fidèles entament des chants religieux dans l'église d'en face. Mes cochambreurs dorment encore. Faut dire qu'avec la fête qu'ils ont menée hier soir, ils ne sont pas près d'ouvrir l'œil. Camilo fait l'étoile en maillot de bain fleuri, le Gitan sourit en ronflant et un Argentin embrasse les plis du hamac sur le balcon.

Les trois ont la peau nue comme des locaux, ils s'offrent à l'appétit des moustiques. Pareil pour moi, insouciant, inconscient, ou les deux, mon drap est à mes pieds au réveil. J'enfile la petite chemise blanche toute froissée que je portais la veille, et je tâte mes poches pour être sûr d'avoir toujours mes sous. En touchant mon paquet de cigarettes écrasées, je comprends que j'ai dormi dessus.

Je descends les escaliers et, venant d'une des chambres du bas, j'entends les deux filles qui travaillent à l'hôtel rire comme des folles. J'essaie de voir si je peux dénicher de l'eau quelque part dans le hall, je n'en trouve pas. Je tourne la poignée plutôt fragile et presque inutile qui décore la porte d'entrée, et je me retrouve à marcher sans savoir où aller. Émerveillé, je prends mon temps ; mes pas sont paresseux, poussiéreux. L'air sent le gaz et l'humidité, le brûlé. Je me dis que c'est l'odeur du coin, mais mes yeux cherchent autour s'il n'y a pas quelque chose en feu. Déjà des scooters et des motocarros filent à toute allure alors que des enfants vagabondent lentement vers l'école. En quelques minutes, je tombe sur un café, je m'assois à la dernière table disponible.

Les terrasses m'ont manqué à Bogotá, il n'y en avait pas dans mon quartier, et s'asseoir dehors pour siroter son café, c'était s'exposer aux apparitions des morts-vivants. On les appelle comme ça parce qu'ils respirent encore mais qu'il est trop tard, ils tiennent plus à la drogue qu'à la vie. Souvent, on les voit même pas arriver, on dirait qu'ils sortent des égouts comme par magie, ils se pointent avec leur tête de nerveux, le corps fourré dans un gros manteau où ils cachent au minimum un couteau, et ils demandent plus ou moins poliment une pièce. La nuit, ils font planer la violence sur toute la ville.

Ici, les hommes sont assis sur des chaises en plastique, installées sur le trottoir, face à la rue. On est une trentaine dont deux policiers, facilement reconnaissables avec leur dossard jaune fluo. Deux femmes en jupe rouge, courte et moulante, talons hauts et chemise blanche généreusement déboutonnée, servent le tinto, le café. Devant nous, un homme qui a perdu une jambe, peut-être sur une mine — il doit y en avoir quelques-unes dans le coin —, demande l'aumône. Un vieillard vient s'asseoir à ma table, « con permission ? ». Il y a aussi un chien et trois cireurs de chaussures. Quand on a un minimum de situation ici, j'imagine qu'on chausse du cuir, même si ce sont des sandales. Un des cireurs, chemise et short hawaïens, prend tous les clients pendant que les deux autres, plus jeunes, jeans troués, chemise à carreaux pour l'un, t-shirt en lambeaux pour l'autre, parlent et rigolent. Un des jeunes donne un petit coup de pied pas bien méchant au chien, histoire de se donner une contenance. Le chien soulève mollement la tête, se débarrasse de quelques puces dans le cou avec sa patte arrière, de quelques autres dans le dos avec ses dents, repose sa tête sur le béton, ferme les yeux. Mais il les rouvre aussitôt, une fois réveillé ça le gratte partout finalement.

Une radio griche bruyamment, « violenciiiia, trafiiiico », chaque syllabe est appuyée, découpée lentement par l'animateur, « EL PRO… BLE… MAAA… », et il chante son discours ponctué d'intonations dignes d'un commentateur de soccer. Un homme s'impatiente de n'être pas servi au moment où il s'assoit, il fait des « psss », « pssss », « psssss », se lève, parle fort, claque des mains comme s'il applaudissait sa virilité, mais sans succès, il se rassoit, ne tient plus en place, tape du pied, regarde autour voir si personne ne se moque de lui, se plaint à poumons déployés, quand finalement la serveuse l'aperçoit.

Je commande un deuxième tinto. La serveuse me dit quelque chose que je ne comprends pas, elle me le répète, je lui demande de répéter encore mais elle perd patience, s'en va et me ramène mon tinto avec désintérêt. Je regrette ma paresse qui fait qu'en un troisième voyage en Amérique latine en deux ans je n'ai pas fait l'effort d'apprendre l'espagnol. J'allume une énième cigarette. La rue s'est animée, les commerces ouvrent tranquillement, un Indien avec des cheveux charbon ténébreux jusqu'à la taille m'offre un large sourire édenté. Un autre trimbale sur son dos des tiges de canne à sucre. Des groupes de policiers patrouillent la ville à moto, il en passe à chaque dix minutes, M16 pointés au ciel.

Finalement, le bonheur, c'est peu de choses, un moment arraché à la routine, une tranche de vie où l'on redevient enfant, s'extasie devant tout et rien, sens en éveil, on apprécie simplement. C'est des rencontres, des musiques et des odeurs, des saveurs et des paysages, en un mot, c'est le voyage. J'ai vu par hasard son nom sur une carte ; elle me plaisait déjà. Entourée de guérilleros et de narcotrafiquants, plongée au cœur de l'Amazonie, aux frontières du Brésil, du Pérou et de la Colombie, moitié ville moitié village, j'ai eu envie de mettre un visage sur son nom : Leticia.

Une fenêtre sur l'Atlantique

Vingt-quatre heures auparavant

On était assis ensemble dans l'avion Bogotá-Leticia, moi côté hublot, lui côté couloir. Il me pompait l'air à gigoter sur son siège. Mes soupirs méprisants n'y changeaient rien. Je me suis dit ce type est un blédard qui prend l'avion pour la première fois, c'est pas de sa faute… Et quand on nous a servi une collation, un chips et un caramel, il a tout mis dans sa poche, ça m'a conforté dans mon préjugé du blédard sans pesos qui, tel un écureuil, enterre les provisions.

J'ai détaché les yeux de mon livre un instant, il en a profité pour ouvrir la conversation. Du rongeur, il avait aussi l'audace. J'étais méfiant. Faut dire que toutes ces fables escobariennes ajoutent une couche de sueur au nouveau venu en Amazonie colombienne. Je suis resté vague quant aux questions qu'il me posait, je préférais parler de lui, mais au détour d'une phrase j'ai échappé le nom de l'hôtel où j'allais. L'écureuil, lui, s'appelait Andrés. On a fini par sympathiser, en anglais, en espagnol et en gestes, puis je l'ai esquivé à la descente de l'avion. Il devait récupérer ses affaires de la soute, moi j'avais qu'un bagage à main. Je suis parti sans le saluer, en jetant un petit regard rapide dans sa direction, pour m'apercevoir qu'il me zyeutait aussi.

Dans un endroit réputé comme dangereux, il peut être difficile d'apprécier les premiers moments. La nervosité est trop grande. Mais en traversant la nonchalance des douaniers, je suis envoûté par ce parfum d'anarchie, qui circule ici si librement, et qui m'enivre à en devenir loco. Je dois quand même rester sur mes gardes.

Depuis mon arrivée en Colombie, on me dit de ne pas prendre un taxi sans l'avoir réservé à l'avance, alors je demande s'il y a moyen de le faire, mais non. J'allume donc une cigarette, sous le toit en tôle de cet aéroport de campagne, et je réfléchis. J'adore l'ambiance, l'odeur des corps mélangée à celle de la terre, la mélodie des moteurs diesels et des moustiques assoiffés, j'adore la franchise de l'orage. Rares sont les coups de foudre d'une telle intensité. J'ai l'impression d'avoir désiré cet endroit toute ma vie. La dernière fois, c'était au Caire… Une nuit chaude et bruyante, le début d'une longue histoire d'amour. J'ai sûrement plus aimé cette ville qu'elle ne m'a elle-même aimé, mais bon, qu'elles soient de lianes ou de béton, les jungles n'ont pas l'habitude d'être complaisantes. Je ne m'attends pas à ce que celle-ci me dorlote le soir, je la devine rebelle et sauvage, indomptable, affamée de causes perdues et nourrie qu'à la musique tropicale. C'est ce qui m'attire chez elle.

Sous le petit toit en tôle de l'aéroport, la foule s'agrandit et commence à se bousculer, je me retrouve à moitié sous la pluie. Les gouttes sont chaudes, lourdes, une seule suffit à casser ma clope en deux. En jouant du coude pour revenir au sec, j'aperçois des gens faire signe à un taxi puis y monter. Alors, comme un singe, j'imite, et j'atterris dans une vieille bagnole usée comme son chauffeur. J'espère qu'il m'emmène bien à l'adresse que je lui ai demandée, la journée est trop belle pour mourir. Trois dollars plus tard, l'hôtel est là.

Il est magnifique, de style maison coloniale, il y a même une terrasse et deux palmiers devant. Une femme heureuse comme une bouteille de rhum m'accueille à l'entrée, puis elle me mène à mon lit, le dernier vacant dans un des dortoirs du haut. « Bueno ? » me demande-t-elle, en rigolant. La pièce est rustique, presque spartiate, quatre matelas s'y entassent à ras le plancher. Au fond, un balcon, il offre une vue sur la rue maintenant ensoleillée. Un hamac s'y repose à l'ombre de grandes feuilles équatoriales. Le paradis.

Bagage déposé, carcasse savonnée, je suis prêt à découvrir la ville. Mais en passant devant la terrasse, j'y croise des routards en train de se désaltérer à la bière tiède. L'occasion est bonne d'en savoir plus sur la région, et qui sait, peut-être de tomber sur un joyeux partenaire de solitude.

Ils sont trois. Le plus intrigant martyrise une guitare en se proclamant gitan. Moitié allemand, précise-t-il :

« Rick. » Je ne le sais pas encore, mais ce babacool deviendra mon principal camarade de route pour les prochaines semaines. Il sent la liberté à des kilomètres ; longs cheveux noirs bouclés, dos tatoué, poitrine colorée de quelques colliers rappelant Woodstock, il partage l'alcool et les Marlboro avec deux Colombiens. Eux aussi sentent la liberté, à leur façon. Le mieux léché des deux s'appelle Camilo. Originaire de Medellín, il a la chaînette en or qui brille comme la réputation de sa ville, il porte des flip-flops blancs sous un pantalon Adidas également blanc, un polo jaune Miami et des lunettes noires. Camilo est une caricature et ça le rend doublement sympathique. Mais son histoire est floue, il cherche des billets pour un match de soccer, ça revient supposément moins cher ici que chez lui, et c'est son frère, un gros businessman de Medellín, qui l'a envoyé. Bref, il discute moins qu'il cherche à attraper le regard des filles qui passent. L'autre Colombien en rigole comme s'il était trop cool pour ça, quand un taxi s'arrête brusquement devant nous.

Comme des campagnards, on regarde la portière s'ouvrir. Et qui en sort, d'un pas arrogant et sûr de lui ? Andrés, le blédard ! L'enculé, qu'est-ce qu'il fait ici ? Il a retenu le nom de l'hôtel que j'ai échappé dans l'avion ! Il est tout content de me revoir, j'ai du mal à dissimuler mon ahurissement. En une fraction de seconde, je me vois perdu au milieu de la jungle, dans une cage, avec Ingrid Betancourt comme codétenue, sous l'œil sadique et triomphant d'Andrés.

Il n'est ici que pour la nuit, dit-il. « Demain je pars au Brésil, par le fleuve. » Il est louche, en même temps il m'inspire l'aventure. Et je meurs d'envie d'explorer les environs, alors quand il me propose de l'accompagner jusqu'au port, où il doit acheter son billet pour le bateau, je me lève avant lui.

Une démarche de voyou, un regard ambitieux, sa présence est plutôt agréable. On traverse Leticia sans croiser personne, c'est l'heure de la sieste. En moins d'une heure, on est au port de Tabatinga.

L'atmosphère est bouillante. Ici, la misère ne dort pas, elle semble même suivre de près l'odeur de nos pesos. Chemise grande ouverte, Andrés expose ses pectoraux. Le bateau doit être là-bas, me dit-il, pointant l'horizon. On entre dans le marché qui longe le fleuve. L'Amazone, exactement comme je l'imaginais ; sauvage, sale et vrai. Ses flots brunâtres envahissent le marché, on doit emprunter des planches de bois pour lui échapper. Une moto s'y engouffre, klaxonnant au diable, chiant une diarrhée de fumée ténébreuse. Les visages sont tannés par le soleil, les yeux plissés, les fronts dégoulinants. Partout, des poissons grillent avec tête et écailles sur des barbecues improvisés, des femmes vendent des bananes encore attachées au tronc, des jeunes en camisole avec des bras de boxeur chargent et déchargent des cargos rouillés.

Andrés espère refaire sa vie au Brésil. Il dit qu'une fille l'attend au sud de São Paulo, qu'il en connaît une plus belle à Fortaleza ; il dit beaucoup de choses. Il rêve d'être chef cuisinier, ses parents le voyaient militaire. Ils insistaient, il a claqué la porte. « J'ai connu l'armée amigo, trois ans de service obligatoire, l'enfer… Si Dieu veut, dans quelques années, j'aurai mon propre restaurant ; une adresse cinq étoiles avec fenêtre sur l'océan Atlantique. Fini la guerre, Bogotá, les bidonvilles. Il y aura des filles partout, des voitures de luxe et ça sentira l'Italie jusque dans les chiottes. »

On tombe sur un rafiot aussi pourri que les autres : Tabatinga-Manaus inscrit sur la coque. C'est lui, c'est le monstre de ferraille menant aux rêves d'Andrés. « Gracias a Dios ! » s'écrie-t-il, alors qu'on monte à bord par une planche de bois chambranlante. Il m'explique qu'il devra traîner son bagage avec lui quand il ira aux toilettes, « ici les bateaux sont infestés de voleurs ». Le trajet devrait prendre quatre jours. Par temps de fleuve capricieux, ça peut en prendre huit. Et c'est sans compter les risques de heurter un banc de sable. Dans ce cas, il faudra attendre un autre bateau ou espérer un village indigène proche. J'ai l'imaginaire en ébullition. L'envie irrésistible de prendre le fleuve avec lui, de traverser l'enfer vert jusqu'au Christ Rédempteur de Rio, mais je n'ai pas de visa brésilien, et il aurait fallu en faire la demande à Bogotá.

On rentre à l'hôtel. Quelques routards boivent sportivement sur la terrasse. Camilo m'assure que la bière est froide. J'ai besoin de m'isoler. Dans mes écouteurs, la chanson *Latinoamérica* du groupe Calle 13. Pour la première fois, j'aime l'Amérique latine. Je ressens son âme à travers cette chanson, j'en ai les larmes aux yeux ; elles ne coulent pas, elles n'ont pas coulé depuis ce trajet aéroport Amsterdam-Schiphol–Amsterdam centre-ville. Arrivant d'Égypte, j'avais éclaté en sanglots sans comprendre pourquoi.

Recroquevillé sur moi-même, la tête tournée vers la fenêtre du train, j'avais pleuré de mélancolie, d'amour et d'espoir. La révolution battait son plein, la violence avait rattrapé les manifestants pacifiques, le pays s'enflammait entre les rafales d'armes automatiques et les averses de pierres arrachées au trottoir. J'étais parti comme un voleur, comme un espion – car le gouvernement accusait les étrangers de l'être –, la peur au ventre, une machette sous la gorge, j'étais parti. J'ai la gorge serrée rien que d'y penser, et cette chanson de Calle 13 m'érafle le cœur au couteau.

À l'âge que j'ai, il serait temps de m'y habituer, j'ai la mélancolie facile et l'âme proche-orientale. J'aime me laisser emporter par les flots de l'émotion. J'aurais bien voulu me laisser emporter par le rêve d'Andrés. J'aurai une pensée pour lui, alors qu'il ira aux toilettes avec ses bagages, sous l'électricité de l'orage et sous l'humidité écrasante, en gardant le cap sur l'objectif : une adresse cinq étoiles avec fenêtre sur l'Atlantique.

Santa Rosa, Perú

De Leticia, dix minutes de pirogue motorisée. On est l'équipe du dortoir au complet, Rick le Gitan allemand, Daniel un Suisse allemand, Camilo et moi. Un simple mouvement nous fait presque chavirer. On accoste au bord d'un grand restaurant à aire ouverte. Complètement vide. Des aras agrippés aux planches de tôle du toit forment le bruyant comité d'accueil. Ils se donnent des coups de bec et je me dis qu'ils doivent passer leur temps à se battre, vu leur plumage à moitié arraché. Je me demande pourquoi ils restent là, et je comprends qu'on a dû les amputer, ils ne savent plus voler, ils ne savent que décorer. Camilo veut immortaliser l'instant, on se prend donc en photo devant ce superbe mais triste décor, puis on sort du resto.

À notre droite croupit dans l'humidité une base militaire faite de quelques cabanes en bois, au centre d'un champ de boue où trône un drapeau du Pérou. À l'ombre d'arbres tropicaux, une dizaine de têtes suantes observent notre progression. Ils arborent

bottes, t-shirt et M16 noir, pantalon et casquette kaki.
On les salue, ils ne répondent pas. À notre gauche,
un hôtel aux allures de bordel se décompose sur deux
étages. À la porte, elles sont deux, nous ayant sûrement entendu accoster ; en bonnes commerçantes,
elles présentent leurs attributs au nouveau marché que
potentiellement nous formons. Courtes sur sandales,
le bassin dans des mini-shorts en jeans effiloché, l'une
porte une camisole rouge, l'autre un top rose. Elles
nous fixent durement, le sourire ne faisant apparemment pas partie de la technique locale de vente.

On flâne sans raison et, peut-être pour s'en trouver
une, on cherche un endroit où manger. Le chemin
se profilant au travers de maisons sur pilotis est souvent dévoré par le fleuve. Pour ne pas perdre mes sandales, je les prends dans mes mains, aux endroits où
l'eau excède la hauteur des genoux. Un homme qui
tient une épicerie où l'on achète bière et chips nous
apprend que le fleuve recouvre ainsi le village trois
mois par année. Cloué au balcon de sa bicoque, sur
une chaise à laquelle on a ajouté des roues, une sorte
de fauteuil roulant amazonien, il se balance d'avant
en arrière, l'air heureux. Il dit ne plus marcher depuis
quinze ans. Sur sa grosse bedaine repose un maillot
du Bayern Munich, l'Allemand voudrait en faire un
sujet de conversation, mais l'homme n'y connaît rien :
« Munich ? Non, non, mon t-shirt, c'est régional, dit-
il, on porte tous ça ici. » Sonné comme après avoir
reçu un uppercut, l'Allemand demande une autre
bière et on poursuit notre balade. Le Suisse m'interpelle devant une maison sans murs, munie que d'un

toit et d'une porte qui, elle, tient entre deux troncs d'arbre. « Ils ont une porte mais pas de murs ! » me dit-il, amusé. Je souris timidement et regarde autour pour m'assurer que personne ne l'a vu pointer du doigt la maison en riant.

On s'attable finalement à un restaurant où l'on nous promet que le poisson est frais, le contraire m'eût étonné. La salsa, servie dans un Tupperware commun dans lequel trempe une cuillère, est faite d'oignons, de tomates et de poivrons marinés ; c'est à s'en lécher les doigts. L'Allemand se commande une deuxième assiette, une je-ne-sais-pas-combientième bière, et les heures défilent lentement. Le village s'est presque habitué à notre présence, les regards se font moins insistants. Je remarque qu'ici tout le monde semble attendre, rien de spécial, attendre seulement. Il n'y a rien à faire de toute façon, ou tout est à faire, ça dépend du point de vue. Reste qu'ici la vie est un long Amazone tranquille. On reprend la route en pleine noirceur, silencieux dans le taxi-pirogue qui nous ramène à Leticia.

Je me pose seul sur la terrasse de l'hôtel, torse nu, Marlboro light au bec. Une pluie salvatrice étouffe la chaleur en un éclair. Je regarde passer les moto-carros en arrachant des croûtes de peau morte sur mon visage pelé.

Tournesol Magique

Je suis avec Camilo. Séance de magasinage côté brésilien. Tabatinga, un soleil crève-l'œil fait revenir
une rue où s'entassent une cinquantaine d'échoppes,
vendant toutes plus ou moins les mêmes choses. Des
milliers de chaussures et de sandales sont exposées
à même le trottoir ; on marche sur la chaussée. Je ne
trouve rien, que de mauvaises imitations de chandails
de l'équipe brésilienne, je cherche une imitation qui
a l'air vraie.

Camilo choisit un magasin où il va acheter des souliers pour lui, son père et ses deux frères. La vendeuse
nous accueille et il commence à jouer : « Combien
pour deux paires ? » Il se plaint de la qualité. « Combien pour trois ? » Il feint de partir. « Et pour quatre ? »
Je fume une cigarette, j'observe les vendeuses. Je fais
le tour du magasin et j'entends un couple d'une cinquantaine d'années derrière le comptoir, sûrement
les proprios, prononcer des mots qui me sont fami-
liers, ils parlent arabe. Je m'approche d'eux avec un

« sabah el foul » bien égyptien, ils me regardent, stupéfaits. Souriant, je leur demande : « Vous êtes Libanais ? » L'homme, emmuré derrière un visage méfiant, me répond : « Palestiniens. » Je ne fais pas attention à son air suspicieux et j'enchaîne avec une expression égyptienne de politesse qui signifie « le meilleur des peuples » : « Ahsan nas ! » Il sourit alors à pleines dents, on se serre chaleureusement la main et on discute une bonne quinzaine de minutes ; Camilo négocie durement. Il vient finalement me rejoindre, victorieux, quatre paires de souliers sous le bras, la démarche en slow motion, plus stylé tu meurs.

Sur le chemin du retour, il trouve plein de prétextes bidon pour accoster les filles qu'on croise. Ça me fatigue : de un j'ai faim, de deux, il est maladroit. J'essaie de lui faire comprendre qu'il n'y arrivera pas, en vain.

La nuit est tombée depuis belle lurette – Camilo n'a pas enlevé ses lunettes fumées – lorsqu'on arrive à l'hôtel, les routards s'enjaillent sur la terrasse, la bière coule à flots.

On est cinq, toute l'équipe du dortoir et un autre. Il est belge, flamand, un air de professeur Tournesol. En plus d'être laid, manque de chance, il est trop grand pour attirer la sympathie. Rachitique, ses cannes semblent flotter dans un pantalon évoquant un parcours fait de longs voyages poussiéreux. Un t-shirt avec des inscriptions en thaïlandais ballote sur le cintre qui lui sert d'épaules, et une moustache de colon à la mode de Léopoldville occupe trop de place sur son paysage de traits surpris.

Habitué des hôtels miteux, il est à l'aise à cette table de voyageurs avides d'histoires et d'aventures mirobolantes, il paraît en avoir plein la cale. Le front vers le large, il essaie de nouer conversation. Il a passé six jours en Égypte, il en parle… Je tourne la tête et cherche un éclair dans le ciel, un boa dans un arbre, n'importe quoi qui détournerait le sujet. Il insiste, il explique que les lois sont sévères là-bas et qu'un voleur va je ne sais pas combien de temps en prison. L'Allemand demande, avec son accent de films de guerre : « OK, this is islamic law ? » Tournesol s'empresse de répondre, je le coupe. Il freine sec et me regarde, étonné. Je lui dis simplement qu'il ne sait pas de quoi il parle, même s'il a peut-être raison, je suis écœuré d'entendre encore et toujours les mêmes clichés sur ce pays. Je le pousse violemment du regard, et lui qui roulait vers la gloire se retrouve avec une canne sur la voie de service, la moustache nerveuse, il m'envoie des appels de cils qui clignent à cent vingt BPM. Il pourrait y avoir collision, mais le professeur choisit prudemment de dévier la discussion. Il a bien fait, avec la carrosserie qu'il a sur les os, je l'aurais écraboullé au premier contact. Un peu secoué, il reprend son air de j'ai-souvent-couché-dehors, pour mieux faire rêver la jeunesse qui, autour de cette table, ne demande que ça.

Ça parle plantes hallucinogènes et le professeur ne s'en laissera pas imposer sur ce sujet, qu'il a d'ailleurs habilement amené. Il manœuvre en terrain connu, il est sur ses terres, je ne m'en mêle pas. Je prends une gorgée de mon verre d'eau vide. Je me demande si quelqu'un l'a remarqué ; je lève alors le menton et penche le verre complètement à l'envers contre ma bouche ouverte, essayant d'avaler une dernière goutte qui n'existe pas. Tournesol surfe sur une histoire d'Indiens qu'il aurait rencontrés dans les Andes. Il serait resté quelques jours dans la communauté et aurait reçu une initiation auprès du chaman, « un vrai de vrai, pas un pour touristes ». Il prend une pause, bombe un torse squelettique et respire à fond le doux parfum de notre attention. Lui et le chaman sont donc partis dans la montagne chercher, au milieu des excréments de vaches, des champignons magiques. De retour au village, ils ont consommé la plante sacrée, le chaman a chanté des incantations et ils ont plongé ensemble au pays des rêves. L'esprit du professeur aurait même quitté son corps pour un voyage astral.

Toute la tablée est suspendue aux lèvres du conteur, qui n'attendait que ce moment pour balancer la purée et, comme de fait, après l'entrée, le plat de résistance. Avec une humilité surjouée, il dévoile le tableau de ses exploits : ayahuasca au Pérou, peyotl au Mexique, opium en Chine et autres drogues en d'autres contrées. Je me demande si, après cette performance, il va passer le chapeau, histoire de se payer un champignon.

J'ai la tête ailleurs quand s'installe un silence que ne respectent pas les criquets et un vélo mal huilé grinçant devant l'hôtel. Le prof a terminé son cours. L'Allemand, les yeux écarquillés, fait le plein d'air dans ses poumons avant de pulvériser le silence. « WOW !!!

SHEISER !!! » Il frappe du poing sur la table tel un général du Reich apprenant la chute de Paris et semble se retenir d'aller défiler au pas de l'oie, toutes trompettes sonnantes. Flatté d'un tel enthousiasme, Tournesol s'adosse à sa chaise, tranquillement, comme pour dire : « Voilà, j'ai terminé, messieurs, des questions ? » L'Allemand se lève et lui tend une main ferme pour un high five en criant « AMIGO ! ». Il se rassoit bruyamment, tourne la tête dans tous les sens, comme s'il n'avait pas cru que c'était possible, mais oui, Tournesol en est la preuve tangible, on peut tester toutes les drogues. Comme il aimerait lui aussi faire la même chose ! Je lui souris, son enthousiasme est contagieux. Il éclate de rire, je fais pareil.

Chichuwasa

Je partage maintenant la chambre avec Tournesol, l'Allemand et le Suisse; Camilo est parti hier soir. Des relents de pisse, parfois de sperme, voyagent à travers l'air ambiant. La sueur des vêtements trempés se mêle à cet arôme et rien ne semble jamais sécher dans cette humidité. Il y a des shorts et des t-shirts accrochés dans tous les coins, en travers de la fenêtre, autour de la porte et surtout sur le balcon, dont le sol est jonché de canettes de bière.

L'hôtel, une ancienne maison, appartient à un Belge francophone qui sait manier six ou sept langues. Il vit ici depuis des années, marié avec une locale, ils habitent un peu à l'extérieur du village. Il a déjà descendu l'Amazone, seul sur une pirogue, il y avait ajouté un vélo et il devait pédaler pour déclencher un mécanisme faisant avancer l'embarcation. Les murs du premier étage sont tapissés des photos de son exploit. Et l'hôtel roule grâce à une famille de Colombiens qui vivent dans une extension en tôle, derrière la maison.

Le père, toujours sur sa moto, vient porter ci, réparer ça, et repart. Les deux filles, jeunes adolescentes, sont déjà des petites femmes qui savent tenir la baraque. La madre, d'une gentillesse incroyable, incarne la légèreté de vivre à elle seule, malgré ses deux cent cinquante livres facile. Souriant à tout, elle ne s'en fait pour rien. En tombant sur le condom usagé que le Suisse avait oublié de jeter, après avoir passé la nuit avec une Colombienne qu'il venait de rencontrer, elle m'a demandé en pouffant de rire : « Pourquoi il est allé dans une autre chambre ? C'est plus de travail pour moi. Il aurait pu amener la chica dans son lit à lui ! »

Ce soir, le proprio a invité le Suisse et l'Allemand à jouer à un jeu paraît-il typique de la région. Il faut lancer des fers à cheval autour d'un pieu en métal ; celui qui rate la cible doit boire. Bref, un jeu pour se défoncer. J'ai voulu y aller avec eux, la soirée s'est avancée, j'ai changé d'idée, ils sont partis.

J'ai regretté que le Suisse ne me rende pas les sous que je lui ai prêtés cet après-midi. Aura-t-il la décence de me les remettre demain sans que je les lui demande ? Nous étions allés manger un hamburger avec trop de sauce à l'ananas, quand de nulle part est débarqué le dealer, les yeux bleus et le teint pâle, il est brésilien, de São Paulo. Vêtu à la rasta, il a les dreads qui vont avec. Le Suisse lui a raconté la mésaventure qui leur est arrivée hier soir. Rick et lui étaient au parc et fumaient un joint ; deux policiers sont apparus en poussant des cris. Ils les ont violemment placés, jambes écartées, bras contre un arbre, pour les fouiller, puis ils ont pris tout ce qu'ils avaient dans leurs poches : weed, cigarettes, quelques pesos et une caméra. Le Suisse a ainsi perdu ses photos de six mois de voyage, de Cuba à ici.

Le Brésilien les a traités de fils de putes avec le plus bel accent du monde, et il s'est remis à parler choses sérieuses : « Tu veux quoi, combien ? » Le Suisse voulait que je lui avance cinquante mille pesos, il y avait des policiers à quelques mètres, l'autre Bob Marley attirait tous les regards. « Wad'up rasta ? You want cocaïne ? » passe-t-il sa journée à répéter à tout le monde. Avec ce qui s'est passé hier, j'ai trouvé ça particulier qu'on ne prenne pas plus de précautions, j'ai quand même donné les pesos à Daniel et je suis rentré.

Bref, il ne m'a pas remboursé et ils sont partis jouer à ce jeu de fer à cheval à la con ; je suis seul dans la chambre. Porte du balcon ouverte, porte de notre chambre aussi, ça crée un courant d'air. J'écris depuis un bon moment quand, tout à coup, je surprends une ombre qui s'agrippe à la balustrade. Je fais un bond, je n'en crois pas mes yeux, je dis fort : « HOLA ! » L'ombre ne répond pas. Elle pose un pied sur le balcon, je saute au centre de la pièce, des banditos entrent dans ma chambre ! J'ai ce questionnement idiot, je reste ou je pars, bien sûr qu'il faut partir mais je reste. Je dis plus fort : « HOLA ! », espérant réveiller quelqu'un, suis-je seul dans l'hôtel ? L'ombre dit : « Emmanouel ? » Sur le pied de guerre, je lance un « What the fuck ? ». L'ombre répond : « Iss Rick, iss OK. » Le stress retombe, un malaise insoutenable me perce le cœur. Je cherche à calmer la douleur en frottant une main sur mon torse. Malgré moi, j'émets un beuglement plaintif, Rick s'excuse. Sa bouche est pâteuse, ses yeux fous, je l'encourage à aller boire de l'eau, on descend. La cuisine est verrouillée, je lui conseille d'escalader le remblai qui nous en sépare. Il n'a plus la moindre force, la tête entre les mains il marmonne : « Some Colombian guys... » Je ne comprends pas la suite. À l'aide d'une chaise ramassée dans le lobby, je me hisse jusqu'à la cuisine, mais je n'y trouve que des gallons vides, et je sais que Rick ne boit pas l'eau locale. Lorsque je reviens de l'autre côté, il est déjà parti se coucher.

Je retourne dans mon lit, lumière allumée, j'écris. Soudainement, Tournesol apparaît à ma droite, il est arrivé sans faire de bruit, le salaud, j'essaie de cacher la peur qu'il m'a faite. Je le salue, il ne répond pas. Je déteste la façon qu'il a de me toiser, de haut en bas, presque tendrement, est-il en train de me caresser des yeux ? Je lui envoie un high kick regard en plein visage. Il ne semble pas le sentir. Je me lève, prêt à tout. Il suspend les bras de chaque côté de son corps et bat des ailes comme un oiseau. Un frisson de folie traverse la chambre. « I'm drunk, dit-il, I'm gonna sleep. » « You better », je lui réponds, et je le regarde s'effondrer sur son lit.

Une grenouille grosse comme mon poing arrive dans la chambre, mais par où est-elle entrée ? Je n'ai ni envie de la prendre dans mes mains, ni de la kicker par le balcon. Je la laisse donc poursuivre son chemin vers les autres chambres dépeuplées. Je n'éteins pas la lumière, peut-être y a-t-il moins de risque que Tournesol ou la grenouille me sautent dessus si telle est leur intention. Je pense aux banditos qui pourraient être tentés par une lumière laissant entrevoir une porte de chambre d'hôtel à gringo, ouverte en pleine nuit. Je ne fermerai pas la porte, on étoufferait et l'odeur deviendrait irrespirable. Je prends deux minutes pour m'endormir, généralement je m'endors à l'instant où je ferme les yeux.

Je me réveille quelques heures plus tard, je tâte mes poches, la palette semble être de la même épaisseur qu'hier. Je jette un coup d'œil au tas de vêtements qui recouvre mon sac, le désordre est le même. Rick, de son lit face au mien, a les yeux mi-clos, il me devine. J'éclate de rire. Il fait un effort pour sourire : « Oh shit man ! Crazy night. » Je l'invite quand même pour un tinto. Je ne l'emmène pas au café où je vais tous les matins, j'y ai réputation respectable. Les hommes d'un certain âge qui le fréquentent affichent un air d'affranchis siciliens. Rick, barbe de deux mois, piercing à la lèvre, longs cheveux en Blitzkrieg, ne se promène que nu-pieds. Il a le gros orteil gauche écorché, un soir soûl il a buté contre une roche et s'est ouvert jusqu'aux vaisseaux sanguins. Je lui propose : « Let's go that way », le sens inverse d'où je vais habituellement. Dix minutes plus tard, je commande omelette jambon-fromage et café au lait pour moi, espresso et deux bouteilles d'eau pour lui. Pendu à l'une des bouteilles, il me raconte sa soirée.

Trop tard pour le jeu des fers à cheval, le proprio de l'hôtel propose à Rick, au Suisse et à Tournesol de sortir dans un bar. Ils épongent shooter sur shooter, aspirent ligne sur ligne et abusent d'un alcool local hallucinogène appelé chichuwasa. Le Suisse boite rejoindre sa Colombienne de l'autre soir, ils iront baiser dans la chambre d'un autre hôtel. Ils passent à notre chambre avant, pour chercher des sous. Complètement allumé, il veut que je vienne prendre un verre avec eux : « Manouel, let's go for a cerveza ! Come on !!! » Rick se retrouve seul avec le proprio, Tournesol étant aussi parti, titubant de son côté, on ne saura jamais où. Ils fument un joint avec, venu les rejoindre, le dealer de São Paulo. Ils resniffent, les narines de Rick deviennent robinet ouvert à mer rouge. Le menton pointé vers Dieu, du papier de toilette dans les narines, le corps en transe, Rick remarque l'attitude du proprio changer, sans aucune raison apparente. Assis au bar avec quelques autres Colombiens, le proprio l'insulte et le qualifie de tous les noms possibles. Il le traite d'incapable, de trou du cul. « Pendejo, pendejo », il n'arrête pas de le répéter. Les autres rient. Rick tente de se défendre tant bien que mal. Le ton monte, les menaces fusent, il a peur pour sa vie. Il règle la note totale pour la table et il s'enfuit en courant à travers les rues désertes de Leticia. Perdu, il tourne dans tous les sens avant de tomber enfin sur l'hôtel. Il n'ose pas sonner à la porte de peur que le proprio l'attende avec un couteau. Il escalade donc une colonne contre le mur. Les deux pieds dans le vide, les bras accrochés à la rambarde du balcon, il voit une ombre sursauter dans l'obscurité de la chambre, l'ombre prononce fortement : « HOLA ! » Confus, il ne comprend pas que c'est moi, il ne sait pas s'il doit répondre non plus. Le poids de son corps devient pesant, il se hisse sur la balustrade, il y pose difficilement un pied…

Attablé au café, j'ai mal au ventre tellement je ris. Je lui pose encore des questions sur le proprio et dois me retenir de trop m'esclaffer pour ne pas l'insulter. Rick ne comprend toujours pas ce qui s'est passé entre eux. Il me demande si je pense que la vraie nature des gens ressort lorsqu'ils sont drogués ou soûls. « Probablement », lui dis-je, mais je pense aussi qu'il ne faut pas le prendre personnel.

Je lui confie quelques détails sur ma vie, non pas que j'en ressente le besoin, mais afin de lui prouver que je l'aime bien. Il s'ouvre alors et me raconte à son tour les grandes lignes de sa trajectoire.

Le Gitan

Il est né d'un père gitan et d'une mère allemande, elle avait seize ans, c'était un 28 mai 1987. L'air se réchauffait enfin dans ce village de deux cents habitants, perché dans les Alpes allemandes.

Fin 1944, son grand-père a trois ans quand il s'enfuit avec ses parents d'un camp de concentration situé en Bavière. Ils se cachent dans les Alpes proches et vivent en ermites de racines gelées et de petit gibier, attendant la chute des Nazis. En mai 1945, ou le temps que la nouvelle leur parvienne, ils rejoignent ce village où les parents de Rick naîtront. S'intégrer et se faire accepter des autres villageois n'était rien comparé à ce qu'ils avaient vécu, mais ce fut quand même laborieux, l'endroit étant fermé sur lui-même, certains de ses habitants n'étant jamais allés à Munich.

Tout petit, il suit sa mère qui nettoie des maisons, parfois il l'aide, parfois il joue avec les enfants des autres, il n'aura ni frère ni sœur. Quant à son père, il ne sait pas travailler et n'a toujours pas appris.

La mère de Rick est femme de ménage et elle en a honte. Ne sachant ni lire ni écrire, elle considère qu'elle n'est pas intelligente. Rick, lui, est à l'aise avec ce qu'il est. Il se sent bien au village, les gens savent qu'il est un peu fou, mais pas méchant. Les bourgs autour c'est pareil, il connaît tout le monde et tout le monde le connaît. Il a grandi sans rien, se débrouillant pour se confectionner des jouets, réparant ceux des autres quand ils étaient brisés ; il est devenu homme à tout faire. Le toit coule, il faut déneiger l'entrée, l'auto ne veut pas partir, les gens appellent Rick. L'école n'était pas faite pour lui. Il ne comprend d'ailleurs pas qu'on envoie les enfants si jeunes à l'école. « Ils devraient jouer et mener une vraie vie d'enfant, comme les petits Indiens qu'on a vus dans la forêt », me dit-il.

Il s'est rendu en Colombie entre autres par nostalgie d'un ami perdu, Stephan. Issus du même village, ils avaient grandi ensemble et fait les quatre cents coups, à en devenir complices et frères. Stephan, qui comme lui vivait de menus travaux, était parti en Colombie plusieurs fois ces dernières années. Il travaillait quelques mois en Allemagne, allait quelques mois en Colombie et ainsi de suite. Rick soupçonnait qu'il menait une double vie sous les tropiques, et tous ces voyages les avaient éloignés. Ils étaient encore tout de même frères et, malgré sa peine, Rick tentait de faire abstraction des secrets que son ami gardait pour lui. Stephan consommait trop. Peut-être s'enfonçait-il dans les couloirs de la schizophrénie…

Une fois, alors qu'il venait de partir pour la Colombie, Stephan revient presque aussitôt, les deux jambes cassées. Même à Rick, il raconte qu'il était en train d'installer des câbles électriques sur un toit, avant de perdre pied et de s'écraser au sol. Rick sait qu'il ment, mais Stephan désire être seul pour sa première soirée de retour au village. Le Gitan se dit qu'il apprendra l'histoire plus tard. Il ne l'apprendra jamais. Les deux amis-frères se laissent au seuil de l'appartement de Stephan, un peu froidement, comme si rien ne les avait jamais liés. Plus de vingt-quatre heures passent, Stephan n'est pas sorti de chez lui, du moins personne ne l'a vu sortir. Inquiet, Rick cogne à sa porte pour la énième fois. Cette fois-ci, il a un tournevis. Il défait et enlève la poignée, glisse la main dans l'ouverture et pousse le loquet. Il voit alors du sang absolument partout, et la forte odeur de décomposition lui fait comprendre qu'il est trop tard. Le corps de l'ami-frère repose inerte sur le plancher, bras, jambes, torse et visage lacérés, hachés, démantibulés. Dans une de ses mains ouvertes, une machette. Sur son lit, de la coke et ce qu'il faut pour se l'injecter.

Je sens la gorge de Rick se nouer, il pleure presque : « He killed himself, man. »

La mort de Stephan est un choc. Bouleversé par les événements, il fait des économies, un emprunt à la banque et achète une vieille maison presque à l'abandon qu'il retape entièrement entre deux jobines. Il sort ainsi ses parents d'un petit appartement qu'ils louaient depuis une éternité. Il ne se voit pas habiter sans eux, mais son âme de Gitan le pousse à toujours aller voir ailleurs. Il parcourt l'Allemagne dans tous les sens, dormant souvent à la belle étoile ou dans son vieux Volkswagen Winnebago. Il court aussi les festivals de musique en Ukraine, dans les Balkans et en Pologne. Il rêve d'être musicien, ses amis lui disent qu'il a du talent, il y croit. Un soir où je lui mettrai sur YouTube ce que je fais, il écoutera après plusieurs fois une de ses propres compositions, l'air de se dire : « Si la merde qu'Emmanouel m'a fait écouter fonctionne, sheiser, je devrais être millionnaire… »

Rick sera d'abord dégoûté par la Colombie, jusqu'à devenir attiré par elle comme par un aimant, comme s'il voulait partager ce que son ami avait vécu là-bas. Il remportera deux mille euros à un concours d'escalade et prendra un aller simple pour Bogotá, comme s'il cherchait à marcher sur les pas d'une âme sœur perdue. Je le rencontrerai à ma descente du taxi, assis à la terrasse de l'hôtel, chantant et jouant de la guitare, il m'offrira le plus beau des sourires. Il transformera mon voyage en me rapprochant de ce bonheur et de cette légèreté d'être que je suis venu chercher ici.

Rick rêve d'une ferme où ses parents pourront vieillir en paix et où des enfants, qu'il a hâte d'avoir, s'épanouiront. Il aimerait leur offrir tout ce qu'il n'a pas reçu, une terre, la sécurité et mille fois plus d'amour que de gifles, dit-il en riant. « J'en veux quatre, cinq, dix ! » Malheureusement, il lui manque encore la maman. Celle qui va partager son humeur buveur de bière et son raisonnement coup de tête, celle qui le guidera lorsqu'il sera perdu et qui acceptera parfois de laisser leur chemin s'éclairer par une vision gitane de la vie. Il en a aimé une, elle l'aimait aussi, mais il y a déjà six ans qu'elle est partie, « sans raison dit-il, pour un autre ». Célibataire depuis, il m'explique qu'il est timide et que ça l'empêche de partager ses émotions. Ça ne l'empêche pas le soir de gratter malhabilement sa guitare, en me disant : « Hahaha, tu sais comment les filles aiment les guitares », et il part dans un solo, le corps contorsionné comme s'il souffrait en jouant, comme s'il était Slash, le Gitan.

Hippie Hotel

On est postés au coin de Calle 9 Carerra 11, les trois mousquetaires : Rick, Daniel et moi. On vient de rencontrer deux locos qui vendent des bijoux, accrochés à une planche en bois recouverte d'un tissu noir. Ils opèrent à l'ombre d'une tente qui abrite d'habitude des vendeurs de cellulaires. L'un d'eux est colombien, court sur pattes, bedonnant dans une camisole orange, les cheveux longs couronnés d'un chapeau de paille. L'autre est catalan de Barcelone : « I am not a Spanish, OK ? » Plutôt grand, les cheveux sûrement coupés par un coiffeur farceur, il porte un t-shirt assorti à la coupe, un short de pêche et des claquettes de plage. Baragouinant l'anglais, il tire sur du tabac natoural roulé dans une feuille de bananier.

Il me demande quand je quitte Leticia, je lui réponds que je n'en ai aucune idée, mais que j'ai un billet de retour pour demain. Il éclate de rire, m'explique qu'il est ici depuis deux mois et qu'il a déjà repoussé trois avions pour Bogotá. Il survit de diverses activités, certaines sont légales. Il nous propose d'aller souper avec eux dans un hôtel situé sur le fleuve, le Hippie Hotel. Le nom annonce déjà la couleur…

De sa poche, il sort une photo fripée ; au milieu d'une perpétuité d'eau brune, une baraque en bois couverte de planches de tôle. « Alors, ça vous tente ou pas ? » Mes deux camarades sont tout feu tout flamme, je me laisse emporter. Le Suisse, ne sachant peut-être pas quoi ajouter, ou peut-être est-ce l'instinct banquier, demande : « Combien coûte le taxi (la pirogue) ? » « Pas besoin, on a la nôtre ! On doit juste attendre un client pour l'hôtel, il va arriver bientôt. » Deux jeunes Colombiennes, les hanches découpées par des t-shirts moulants, déambulent devant nous en présentant de généreuses paires de fesses dans des jeans trop serrés. Le Catalan joue les machos en se grattant les couilles, il les appelle : « CHICA ! CHICA ! » Elles ne se retournent pas.

Le client arrive, il est lui aussi catalan ; tronche de saint François d'Assise, t-shirt rose écrit Pink Fiction dessus, pantalon de style zouave au fond de culotte qui traîne jusqu'aux genoux, il a pour seul bagage un étui à guitare. Il précise, sans qu'on le lui demande : « Tout le monde pense que j'ai une guitare mais c'est juste pour transporter mes affaires. » Notre orchestre dépareillé se met alors en branle, suivi par un petit chien au pelage beige malade. Le Colombien bedonnant traîne sa planche de bijoux en bandoulière, puis il tombe sur une boîte en carton ayant servi à emballer un frigo. Il s'arrête, la hisse sur son épaule, puis on déménage jusqu'au fleuve. Arrivés là, on rencontre un couple de routards anglais qui a pris l'avion avec le François d'Assise, ils se joignent à nous. Lui est peu bavard, elle a les jambes ravagées par les moustiques, elle me demande : « Est-ce que c'est grave si j'ai pas apporté de chasse-moustiques ? » Je lui réponds : « Non, parce que j'en ai pas non plus. » Elle semble soulagée par ce non-sens.

On emmène la misère en balade et le bedonnant tient la barre. C'est laborieux parce qu'on a une seconde pirogue attachée à la nôtre. On n'a pas fait vingt mètres qu'on percute le coin d'une maison flottante, BOUM ! L'impression qu'on chavire, le cœur qui galope et les vagues qui se jettent à bord. Le Catalan en appelle à une certaine Puta Madre pendant qu'on écope l'eau avec nos mains. On repart. Ça se corse, arrivés à un étroit corridor d'herbes hautes, l'autre pirogue cogne un arbre, REBOUM ! Le nœud qui la retenait se défait. Le bedonnant lâche la barre pour rattraper la corde alors que le Catalan saute sur place en gueulant : « La couerda ! LA COUERDA CABRON !!! » Mais comme plus personne ne tient la barre, on dérive jusqu'aux herbes hautes qu'on absorbe de plein fouet. Puta Madre et coups de machette, le Catalan sue à grosses gouttes. Il nous libère finalement des plantes et on course contre l'enfer pour rattraper l'autre pirogue… On est complètement trempés lorsque apparaît, au loin, le Hippie Hotel, tel un mirage grugé par les lianes.

Il a pour seuls voisins l'immensité sauvage et un bateau station-essence ancré à proximité. Peint en rouge, mais seulement à moitié, je me demande si on a manqué de peinture ou de courage.

Un bar et trois hamacs au premier, au deuxième six chambres s'emmerdent. On n'y trouve rien, que des tiques dans les matelas et des échardes sur les lits. Amoureux du rustique bienvenidos, ici ça boit comme ça pisse dans le fleuve. Quoiqu'il vaut peut-être mieux se méfier du candiru, un petit poisson qui remonte l'urine jusqu'au pénis, qui s'y accroche avec ses épines, pompe le sang et mesure jusqu'à quinze centimètres… À côté, le piranha, c'est du folklore pour pucelle de bonne famille.

Le Catalan jure que c'est une légende et détend l'atmosphère en sortant la chichuwasa. Mes compadres sont comblés ! Rapidement défoncés, chacun dans son hamac, ils contemplent la tôle du plafond. Moi je discute un peu avec l'horizon avant qu'on passe à table. Le poisson est calciné croustillant, le riz assaisonné à souhait. La lune nous éclaire comme si on avait allumé une petite lumière. Je savoure le repas avec le couple anglais, ils racontent avoir quitté leur emploi pour une année sabbatique autour du monde. Tous deux nés à Londres, elle est d'origine juive italienne, de parents ayant fui la Lybie à la décolonisation. Je leur parle de moi sans y croire, amoureux l'un de l'autre ils sont beaux… Je les laisse pour être moins seul et je rejoins le fleuve.

J'y risque le bout des orteils. J'aimerais plonger, je n'ose pas. Le Catalan au coiffeur farceur semble lire dans mes pensées ; le bras enroulé autour d'une poutre, en position soûlon, il me dit : « You can euh, swim here, behind ze house (c'est-à-dire à dix mètres max), too dangerous, snakes, crocodilos, but here tranquilla. » Eh ben… Les Anglais veulent maintenant rentrer, surtout elle, en fait. Elle me le demande à moi, comme si je décidais de quelque chose, peut-être a-t-elle flairé mon côté chevalier. Effectivement, pour rendre service à la dame, je presse mes amigos, qui me répondent nonchalamment : « Après le joint. » On bouge une heure plus tard. En silence. Les autres doivent être comme moi, subjugués par l'Amazone.

Sa pleine puissance ne se mesure qu'à la nuit tombée. Lorsque l'obscurité fertilise l'imagination, facilite le trafic et accommode le plus fort. Je me demande combien d'années s'écouleront avant que le fleuve l'emporte ou que la jungle le digère, comme s'il n'avait jamais existé, le Hippie Hotel.

Los Kilometros

Tournesol est parti ce matin, comme il était venu. Les oreilles pendantes, se cognant au moindre signe de nervosité contre la coque du rafiot qui lui sert de boîte cérébrale, et de portrait par la même occasion.

Je viens d'y penser, on aurait été dans le même avion ! Atroce. J'avais aussi un billet pour aujourd'hui. Je n'ai même pas appelé la compagnie pour essayer de changer la date. Les tres amigos, on s'était dit qu'on se lèverait à 8 heures ce matin pour louer des scooters. Rick, fidèle au poste, tente de nous réveiller, le Suisse et moi, sans succès. On loue les scooters à 10 heures, on fait le plein à cinq dollars. Je trouve que j'ai fière allure sur mon scooter sport rouge, je porte un short bleu de l'équipe brésilienne et un maillot jaune de l'équipe colombienne. Tout est neuf, acheté en vitesse ce matin, histoire de faire laver mes vêtements. Mais j'ai pas fait de scooter depuis au moins dix ans, ça paraît et ça gâche un peu le style.

Essayant de freiner à un coin de rue, je m'agrippe aux poignées, ce qui fait que je donne du gaz en même temps. Instinctivement, je sors les sandales pour mettre un frein à cette course que je ne contrôle plus, j'ai le gros orteil gauche qui mange la chaussée. Moi qui me moquais de l'orteil de Rick... On passe à l'hôtel, je désinfecte et on repart. On fait une escale chez Manolo, il tient une petite épicerie en face de l'hôpital de la ville et il vend deux ou trois trucs à manger censés être chauds. Nous voyant arriver en scooter, Manolo pense qu'on s'en va à Tabatinga, on lui dit qu'on a entendu parler d'une route qui s'enfonce dans la jungle. Il nous en indique alors le chemin et nous raconte, le temps d'un café froid, l'histoire de cette route qui s'étire vers le nord et qui s'appelle Los Kilometros.

Seule route à part le fleuve dans la région, elle fut asphaltée sur vingt-deux kilomètres par les narcotrafiquants, à la fin des années 70. C'était l'âge d'or des cartels colombiens, il y avait peu de concurrence, le Pérou avait à peine commencé à jouer et le marché de la cocaïne explosait. Les dollars américains atterrissaient en Colombie, encore chauds de la planche à billets. Bogotá, débordée par la guerre civile, avait délaissé au profit des narcos sa frontière avec le Brésil et le Pérou. Ainsi est née Leticia, la drogue et les armes se vendant en plein jour ; il pleuvait des millions, des villas poussaient dans tous les coins et les filles arrivaient de partout. Ceux qui n'étaient pas d'accord se faisaient plomber vite fait, les autres touchaient leur part du labo. Les narcos, qui s'imaginaient la situation éternelle, ont rêvé d'une route reliant Leticia et Tarapacá. Ils allaient gagner des jours en transport ; ils ont alors mis en chantier Los Kilometros. Pour la main-d'œuvre, ils faisaient venir des Indiens, et quand les Indiens ne venaient pas, ils allaient les chercher, par tous les moyens inimaginables. Les travaux avançaient bon train lorsque l'armée a lancé une vaste offensive dans la région. La plupart des trafiquants ont pris la jungle, se sont reconvertis dans les casinos ou ont été tués. La progression de Los Kilometros a été abandonnée, là où la route s'arrête aujourd'hui.

On passe devant la base militaire, le mini-aéroport, et les maisons deviennent de plus en plus rares. Un mur impénétrable de lianes et de troncs d'arbres majestueux se dresse de chaque côté de la route. Parfois une pancarte indique une réserve indigène, on bifurque vers l'une d'elles. Au bout du village, là où meurt la route, un petit rio.

Une mère lave des vêtements en les battant sur une pierre pendant que ses enfants s'amusent joyeusement dans l'eau. À pied on s'approche de la rivière, boueuse comme le sol autour. J'ai du mal à retirer une de mes sandales, enfoncée dans la glaise, lorsque je glisse et me retrouve les deux fers en l'air. Entre ciel et terre, j'anticipe la chute, j'atterris sur le dos. La mère, les enfants et mes amigos sont morts de rire. Je me relève couvert de boue épaisse, je me revois un peu plus tôt, parader dans les rues de Leticia comme un prince.

Je me baigne maintenant dans ce rio marécageux, où je frotte mes nouveaux vêtements comme s'ils étaient de vieux torchons. À pied encore, on poursuit entre les huttes et on arrive à un sentier pénétrant la jungle. Je me dis qu'il faut vraiment être un idiot de gringo pour s'aventurer ici, en sandales et torse nu. La forêt se referme derrière nous quand on arrive à un embranchement avec un plus gros sentier. Deux hommes s'y baladent. Le Suisse me dit : « Oh shit, I tought he had a gun. » Un des hommes passe devant nous, avec effectivement un 12 dans une main, une machette dans l'autre. Daniel, insouciant, lui demande : « Tu vas où ? » « Baiser une étrangère », dit l'homme. « Una gringa mucha buena, elle est dans une maison à cinq minutes d'ici », ajoute l'autre, et ils éclatent de rire. Je propose de faire demi-tour, même si Daniel est partant pour pousser plus loin. En revenant à nos scooters, un serpent se sauve dans les feuilles, on est tout contents d'en avoir vu un. On retourne sur Los Kilometros, Daniel s'affaisse sur son scooter comme un Hell's sur sa Harley, Rick, sans tenir le guidon, se met debout comme un saltimbanque de Gitan.

Brusquement, la route asphaltée fait place à une piste de terre molle : on est arrivés au kilomètre 22. Je coupe le contact, j'allume une cigarette. Daniel passe devant moi sans dire un mot et il s'engage sur cette pista de mierda. Je le suis en me disant qu'il a raison. De la boue, des trous, des pentes abruptes, la route est impraticable. Il faut souvent pousser nos scooters embourbés et j'en perds mes sandales à chaque fois.

Je les range donc sous le siège du scooter et poursuis nu-pieds. J'ai les bras fatigués, les cuisses lourdes mais le cœur léger.

On n'a croisé ni maison ni personne depuis un bon moment quand, à travers les arbres, retentissent les jappements creux de chiens dévalant férocement l'horizon. Ils sont quatre, ils se ruent sur nous. Rick les dépasse rapidement, suivi par Daniel, et les chiens se tournent vers moi. Comme un imbécile, je pousse le gaz à fond et ma roue arrière dérape. Les mains devant pour amortir le choc, j'embrasse brutalement le sol, le scooter me tombe dessus. Je ne sens rien, prêt à défendre ma vie, je me relève d'un bond, les molosses me tournant autour. Je lève les mains pour avoir l'air plus grand, j'ai vu ça dans un film, et je me dis que s'ils ne m'ont pas déjà sauté dessus, ils ne le feront pas. Mes amigos arrivent et l'ennemi recule d'un pas, jappant toujours, menaçant. Je relève mon scooter sport rouge devenu brun gluant, et on rebrousse chemin. De toute façon il est 17 heures, le soleil se couche tôt sous les tropiques, on ne veut pas être ici lorsqu'il fera noir.

Je m'aide parfois de mes pieds pour me donner un élan lorsque je risque de m'embourber. À un passage difficile, je lance un coup de pied sur une roche et je ressens un genre de choc électrique. Je ne m'arrête pas. J'essaie de suivre le rythme qu'imposent mes amigos, je les perds parfois de vue et je suis surpris qu'ils ne m'attendent pas après ce qui vient de se passer. Au prochain embourbement, je réalise que je me suis ouvert la plante du pied gauche. Je ne sais pas si ça saigne, le pied est momifié de boue, mais la blessure semble moyennement profonde. Je rejoins ensuite mes deux sprinters, en pause, face à un rio en bord de piste. Je m'y glisse et me nettoie de la tête aux pieds, frottant encore mes vêtements comme de vieux torchons. On retrouve bientôt la route asphaltée sur laquelle on pousse nos machines à fond. On ne ralentit qu'en croisant des villages, où, dans l'un d'entre eux, apparaît un serpent qui traverse la route, des enfants derrière jouant à lui donner des coups de bâton.

Il fait nuit lorsqu'on arrive en ville. On fait laver les scooters et Rick a la bonne idée de donner notre surplus d'essence à Marta, la madre de la famille qui tient l'hôtel. On passe donc la voir et il lui fait part de son idée, elle est ravie. Elle ramène un dix-huit gallons vide et un tuyau souple en plastique. Elle tend le matériel à Rick, qui ne s'attendait pas à faire la job lui-même. Résigné mais fier de rendre service, il plonge un bout du tuyau dans le réservoir à essence et, en se plaçant plus bas, le succionne et insère rapidement l'autre bout dans le gros bidon. Il crache, comme atteint d'une attaque pulmonaire, après chaque scooter vidé.

Daniel avait rendez-vous chez le tatoueur. Il revient vers 1 heure du matin, une grenouille de chaque côté du torse. Je me plains que je ne peux pas marcher, Rick et Daniel vont chercher des hamburgers, on les mange sur le balcon. Daniel a un avion demain pour Bogotá, c'est notre dernière soirée « tres amigos ». La pluie surgit subitement, on perd l'électricité, je m'endors.

L'infection

J'ouvre les yeux, il doit être 8 heures, mes deux amigos sont sur le balcon, ils n'ont pas dû dormir de la nuit. Je souris devant leurs intonations d'officiers de la Wehrmacht en permission, bourrés, torses nus sous les tropiques. L'électricité est revenue, m'indique la fan qui tourne. Les Germains me voient m'asseoir dans mon lit, les buenas dias et les was'up loco fusent. Daniel s'excuse d'avoir fini mon paquet et Rick me demande comment va mon pied. Je ne sens presque plus ma jambe, j'essaie de marcher dessus, impossible. Marta vient inspecter ma plaie et le souci qu'affiche son visage d'habitude joyeux n'annonce rien de bon. Bientôt toute la famille m'entoure d'airs inquiets. Marta demande à son mari de m'emmener à la clinique, alors il me tend un casque, sans dire un mot, il ne parle jamais. Je le suis, sautillant sur un pied jusqu'à sa moto. Je ne sais pas pourquoi j'apporte deux sandales, je ne peux en porter qu'une, j'ai la seconde dans une main.

Dix-sept dollars la consultation. La clinique est animée mais je rencontre un médecin après quinze minutes d'attente. Il a l'air cool, je lui raconte ma mésaventure. Étonné, il me demande : « Tu t'es coupé à travers la botte ? » « Non, j'étais nu-pieds. » Il veut dire quelque chose, mais il se retient. Bueno, il met des gants et il en fait bruyamment claquer l'élastique contre son poignet. Il prend ensuite mon pouls au bout de mon gros orteil, examine autour une vingtaine de piqûres de moustiques et tâte la plaie, des gouttes de pus en sortent. Bueno, il enlève ses gants, remplit ses mains de désinfectant et frotte chaque doigt avec insistance, comme pour dire au pauvre con en face de lui, je suis propre moi, je n'aurai pas d'infection moi, je ne cours pas la jungle nu-pieds moi…

« Bueno, tu vas prendre tant de pilules de ça, tant de ça, des suppositoires et… » Je l'arrête tout de suite, ça ne sera pas possible, c'est trop, lui dis-je. Il en tombe presque de sa chaise. Comment un gringo de bas étage, entrant dans son bureau avec une sandale dans la main et un pied en putréfaction, peut-il remettre en question sa science ? Rien à faire, mon espagnol approximatif n'aidant pas, je n'arrive pas à me faire prescrire quelque chose de plus simple. Il lève les mains au ciel, comme le font les médecins de l'âme, me promettant l'enfer si je ne suis pas ses commandements. Résigné et ayant peur de l'enfer comme les croyants, je tente de contourner ou d'alléger l'ordonnance en insistant pour une alternative aux suppositoires. Il n'y en a pas, dit-il, sourire en coin, relevant une fine moustache, l'air de dire je te comprends, mais tu vas quand même te la prendre dans le culo, sale infidèle adorateur de plein air. Je le remercie, il n'y a pas de quoi, dit-il, du haut de sa toute-puissance, et n'oublie pas de passer à la pharmacie !

La pharmacie est voisine de la clinique, ils sont complices. Drapé de blanc, évoquant la pureté et l'innocence, le pharmacien me présente une facture m'extorquant environ cinquante dollars. Je grogne un peu et, désespérément, je demande s'il n'y a pas une alternative aux suppositoires. Il fait non de la tête, pendant qu'une autre complice ricane derrière le comptoir. Je ne sais pas pourquoi je paie, puisque je sais que je n'utiliserai à peu près rien de ce qu'il me vend. L'homme qui ne parle jamais, le mari de Marta, m'explique qu'il faut retourner voir le médecin pour qu'il m'administre un suppositoire, c'est hors de question. Je suis assez idiot pour les acheter, mais pas assez pour les prendre. Si ça empire on verra, d'ici là, même sur une patte, je garde ma dignité. On enfourche sa moto et on rentre à l'hôtel. Je saute sur un pied jusqu'à la chambre. Rick est abasourdi par tout ce qu'on m'a prescrit, il me dit : « Viens, on va voir un chaman. » L'idée me plaît, j'aurais peut-être dû commencer par ça, mais maintenant j'ai plus envie de sortir. En plus, le chaman m'aurait coûté moins cher, le cours de leur science étant à la baisse depuis quelque temps déjà. Je relave ma plaie avec du savon et prends les antibios.

Mes camarades s'endorment dans leur lit, je ne sais pas quoi faire. Je me couche dans le hamac du balcon et les feuilles de palmier, me frôlant presque, ne m'empêchent pas de voir la vie s'animant dans la rue. Je passe la journée bloqué à l'hôtel.

Lorsque mes amigos reviennent du pays des songes, Daniel fait ses bagages. Il me dit qu'il va m'écrire sur Facebook, je lui dis « great », avec un faux enthousiasme, sachant très bien que les routards se disent toujours ça et qu'ils ne le font jamais. Peut-être parce qu'il est plus facile de dire à plus que de dire adieu. Contrairement à Rick, je ne le regarde pas monter dans un taxi du balcon, je préfère que la séparation soit rapide. Je sens que Rick est triste, je l'invite à souper. Lui est nu-pieds, moi je saute sur une sandale, on s'arrête souvent le temps que je me repose en m'appuyant contre un arbre, on ne passe pas inaperçus.

De retour à l'hôtel, Rick prépare pour mon pied un chaudron d'eau bouillante avec des limettes. « It's better than all the crap you bought », dit-il. Une chauve-souris entre par le balcon et va se perdre dans l'hôtel. Elle est suivie par une coquerelle ou quelque chose du genre qui se pose sur mon épaule, je la dégage d'une pichenotte. Je ferme les yeux.

Pluie

Mon pied semble aller mieux. Où est Rick ? Ni en haut, ni en bas, il est parti ce salaud. Je suis censé rester ici à attendre qu'il revienne me porter à boire ou à manger ? J'attends une demi-heure sur le balcon, il ne doit pas être allé loin. Rien. Que de la pluie. Je regarde ma plaie, elle est ouverte plus que jamais. C'est sûrement dû au chaudron d'eau chaude d'hier, et j'imagine que c'est bon signe. Sinon, je me suis peut-être brossé les dents trop fort hier, j'ai la gencive qui m'élance autant que le pied. On dirait un match de tennis où le haut et le bas du corps se renvoient l'un après l'autre les salves d'élancement. Je me gargarise avec du sel.

Marta me dit que l'infection s'est sûrement propagée. Je sens un mélange de pitié et d'amusement dans les attentions de la famille de l'hôtel. Quelle est la prochaine étape, j'attrape une intoxication alimentaire, la malaria ou, tout simplement, je rate une marche et déboule l'escalier ? Je ne me vois pas passer la journée ici. Je vais sortir, au moins jusqu'au café. Il faut protéger la plaie. J'enfile donc un bas puis, après réflexion, un second, dans l'autre pied, histoire de limiter les dégâts sur mon image écorchée.

Pluie. Je me traîne mètre par mètre, parfois je sautille sur une seule jambe, parfois je boite. Je reste un long moment à attendre pour traverser la rue, les motos allant bon train. Je rase les murs quand c'est possible, évitant ainsi pas mal de pluie. Je me présente quand même, trempé et rompu, au café de petits mafieux.

Tinto con leche, cigarette, le pied sur une chaise devant moi, la pluie cesse.

Daniel doit être à Bogotá maintenant. Pour moi, il faisait partie de Leticia, il y était déjà depuis une semaine lorsque j'y ai atterri. On s'était rencontrés le deuxième soir suivant mon arrivée, il revenait d'un tour en jungle. Il avait parcouru l'Amérique centrale auparavant et débitait un meilleur espagnol que moi. Il évitait de me le faire sentir, en échange de quoi j'évitais de jouer les paternalistes, vu son âge, vingt-trois ans. Haut de plafond, carrure de cadre de porte, cheveux blonds, yeux bleus, Suisse allemand, il présentait une démarche virile et un regard charismatique soutenu par un menton carré. Petite ombre au tableau par contre, il était un peu gras et trop poilu. Il plaisait quand même aux filles, qui ne se gênaient pas pour le lui dire. Brillant, il avait l'air de tout avoir pour lui, mais je l'ai aperçu, certains soirs, mélancolique, le regard dans le vide, à boire seul sur le balcon. Il n'avait jamais l'air vraiment soûl, mais il buvait tous les soirs, beaucoup, seul ou accompagné. Je sentais en lui un manque, comme si la vie avait été trop facile et qu'il lui manquait un défi à relever. Il ne travaillait pas, avait sûrement fait quelques études et dégageait l'assurance des gens issus de milieux aisés. Il parlait de son père et, au détour d'une phrase, j'avais dû spécifier que je n'avais rien à dire sur le mien. Marchant sur des œufs, il m'avait posé des questions et avait paru bousculé d'apprendre que mon père s'était suicidé lorsque j'avais deux ans. J'ai alors pensé que les gens qui en font tout un plat sont souvent ceux qui ont affronté peu d'épreuves dans leur propre vie.

La pluie a repris furieusement. Un couple me demande s'ils peuvent s'asseoir à ma table, il n'y a pas d'autre place libre, le temps que l'averse diminue. Il commande un tinto, elle un Coca-Cola.

Un soir, dans un bar, Daniel avait rencontré une fille et ils s'étaient revus quelques fois, malgré son horaire à elle hyperchargé. Elle avait deux emplois qui l'occupaient de 6 heures à 22 heures, sept jours sur sept. Mère de deux enfants, une fille de six ans et un garçon de trois ans, elle en avait dix-neuf. Le père au diable, rien de neuf sous le soleil. Daniel n'en savait pas beaucoup plus, disons qu'ils avaient plus baisé que jasé. Pour lui, ce n'était que pour s'amuser, peut-être que pour elle aussi au début, mais elle s'était construit un château d'illusions. Elle était reine d'un blanc aux yeux bleus qui la sortirait du trou où elle allait finir ses jours.

Il lui avait dit à quelle heure il quittait la ville. Elle avait dû s'arranger pour s'absenter du travail et l'avait attendu, de l'autre côté de la rue, en face de l'hôtel. Lui ne voulait pas la voir, elle devenait harcelante, elle l'avait appelé vingt-trois fois sur son cellulaire ce jour-là. Il m'a montré le nombre de missed calls et m'a dit : « This bitch is crazy. » Il ne savait pas si j'allais rire, il m'a regardé, hésitant, j'ai rigolé par politesse et j'ai espéré qu'il jouait les machos mais qu'il avait quelque compassion pour elle. Il est finalement sorti la voir, lui a donné un collier qu'il portait et ils se sont embrassés longuement. Rick, en camisole sur le balcon, appréciait le spectacle, « Hey, man, they are kissing, hahaha ». Elle n'était pas spécialement jolie, paraissait plus mûre que son âge et portait quelques réserves de riz et de fèves, stockées dans le bas du ventre et dans les fesses. De longs cheveux très noirs caressaient les traits arrondis de son visage, plus indien que latino. Ils se sont dit adieu, elle est partie.

Il est revenu à l'hôtel avec cette copie 11×14 d'un cliché qu'ils avaient pris ensemble dans un studio photo. Ils étaient assis collés sur des coussins rose et mauve devant un fond arc-en-ciel, il tenait deux gros teddy bears dans ses mains, elle en tenait un. Elle souriait de toutes ses dents, les yeux pétant de bonheur, il avait la bouche légèrement ouverte, essayant de sourire, mais il n'arrivait pas à dissimuler son air ébahi. Rick a pris la photo et s'est mis à se contorsionner de rire. Il gueulait des incompréhensibilités en allemand et sa voix, d'abord grave, est devenue plainte aiguë comme s'il souffrait de plaisir. J'ai cru qu'il allait s'étouffer, il m'a passé la photo, je ne me suis pas attardé dessus, j'avais déjà vu ce genre de cliché ailleurs dans le monde. Appuyé d'une main contre le mur, se tenant le ventre de l'autre main, Rick essayait de mettre un terme à cette hilarité que ne supportait plus son corps tordu. J'ai cherché à percevoir l'émotion sur le visage de Daniel, il était fatigué, abasourdi ou touché.

Les nuages reprennent leur souffle, la pluie est devenue fine. Le couple à ma table se lève, la rue est fleuve.

Je règle mes trois cafés et boite jusqu'à l'hôtel. Qui je ne trouve pas, avachi dans le hamac du balcon ? Mon super Bavarois des Alpes, mi-Gitan mi-berger. Tout souriant, le piercing qu'il porte à la lèvre rendu presque au complet dans une narine. Une vraie mère, il me demande où j'étais et, sur mon lit, je vois un petit sac de papier brun dans lequel repose un empanada froid. Il a pensé à moi. Apparemment, il s'est levé à 5 heures, a parcouru la ville comme un chien errant et est revenu pantois devant la chambre vide. Il a dû essayer de renifler ma piste, en vain, il ne connaît pas mon repaire. Je le remercie pour l'empanada pendant que Milena, la femme de ménage, entre dans la chambre et me tend un pot de désinfectant. Rick se redresse, oreilles en alerte. Il bouscule la conversation et lui demande s'il pourrait aller la visiter chez elle, histoire de voir où elle habite. Elle gonfle les lèvres, ferme à moitié les yeux, dépose une main, doigts tout écartés, sur sa hanche, comme pour dire prends-moi là si t'es un homme, et elle répond : « Mon mari serait très fâché. » Elle nous tourne le dos et entame une languissante et paresseuse démarche de mannequin qui rappelle plus Kinshasa que Milan. Rick ne tient plus en place, il se lève d'un bond et me dit : « Man, she wants to fuck me. » Mais il n'ose pas la prendre par le bras et lui proposer la salle de bain, alors il me suggère d'aller voir Manolo. Je me dis qu'il vaut mieux faire souffrir un peu mon pied que de laisser mon âme mourir d'ennui à l'hôtel.

Chez Manolo, le café est mauvais, les empanadas froids, la salsa fade, mais la conversation agréable. Il nous voit de loin et vient nous accueillir dans la rue. Poignée de main franche, tape derrière l'épaule, il fait plaisir à voir. Le personnel de l'hôpital en face fait rouler la petite entreprise familiale. Les va-et-vient se succèdent, Manolo s'assoit avec nous pendant que Pepe, son père, sert les clients. Ensemble, ils tiennent un genre de minuscule magasin général, lequel dispose d'une petite cour meublée de quatre tables et d'une dizaine de chaises. Tombés un jour par hasard sur leur bonne humeur, on a pris l'habitude d'y revenir troquer des bribes d'anglais contre un peu d'espagnol.

Aujourd'hui, le café est tiède, tirant vers le froid, le teint malade, presque infect, je le bois vite pour m'en débarrasser. Un Coca-Cola plus tard, Manolo nous raconte qu'il travaille aussi à Tabatinga comme changeur, « pesos, real, dollares, si, yé vois tout passer ». Puis, à coups de grands gestes, il nous apprend qu'il a même été changeur pendant toute une année à Lima.

Comme s'il devait le prouver, de sa poche, il sort un téléphone à l'écran fissuré et fait défiler un nombre étourdissant de photos de lui, souriant devant une fontaine, un parc d'attractions ou autres endroits du genre. Enfin, ce qu'il voulait peut-être vraiment nous montrer, des photos de filles inégalement moches, en position suggestive, dans des décors de chambres d'hôtels miteuses. Ça ne rate pas, Rick, en mode berger allemand, sursaute sur sa chaise devant chaque image. Quand il s'exclame avec plus d'enthousiasme sur une photo en particulier, Manolo retourne son téléphone pour voir de laquelle il s'agit. Satisfait, il nous la remontre longuement avant de passer à la suivante. En revanche, il a moins de photos de filles que de lui devant une fontaine.

Il remet le téléphone dans une poche de son jeans trop grand et attend nos réactions avec un sourire de toréador vainqueur. Rick, qui n'a pris que très peu de gorgées de son café, s'écrie : « Les Colombiennes sont les plus belles au monde ! » Manolo précise alors que, comme la légende le veut, les plus belles filles sont à Medellín. Et qu'elles sont dans l'ensemble de la Colombie plus belles qu'à Leticia, car ici il y a trop d'indigènes. Je sens un regard sur nous, je me retourne, un Indien. Il a entendu mais ne dit rien. Il ne présente aucun signe de révolte ou d'indignation, il considère peut-être comme une banalité ou un fait accompli d'être, dans l'esprit collectif, laid. Puis, Manolo nous dit qu'il est lui-même métis, sa mère étant indigène, et il enchaîne en parlant de couleur de peau. Je le coupe. Je lui demande si le coq qui traîne dans la cour a des femmes. Je n'entends pas la réponse, absorbé par l'Indien qui sort du magasin, vaincu, colombianisé, le dimanche peut-être priant un seigneur blond, sa descendance prochainement mcdonaldisée.

Le coq picore une chips que j'échappe en dessous de la table. Au-dessus de nos têtes, le toit de tôle se met à trembler, d'énormes gouttes s'écrasent comme un million de coups de marteau, les rues redeviennent fleuve.

Pluie.

L'asperge, Gentledog et Fraîche du jour

Encore un Suisse allemand, cet hôtel va devenir une caserne, sur son toit on plantera bientôt un drapeau : espace vital germanique. Il est débarqué à la réception comme un poil sur la soupe, sans pouvoir aligner deux mots d'espagnol. J'apprendrai plus tard qu'il se prélasse en Colombie depuis cinq semaines. L'incapable, penserai-je, il ne cherche même pas à parler aux gens, pour quoi faire de toute façon, s'ils ne parlent pas anglais, ce sont sûrement des sauvages. J'aimais bien voir ce genre de colon se risquer du bout des pieds dans les rues du Caire et revenir à l'hôtel complètement terrifié.

Bref, Rick lui traduit le prix de la chambre. Ce grand Suisse semble content, moi je suis réticent à le voir nous coloniser. Il impose déjà un style particulier, pour ne pas dire ridicule, dans un environnement où il fait quarante degrés et 100 % d'humidité : bottes de trekking, pantalons longs et backpack de campeur. Il déballe un genre de matériel d'alpiniste et déploie un sac de couchage sur son lit. J'ai envie de lui demander « Monsieur trouve-t-il la literie douteuse ? ». Un corps d'asperge, une tête de gland et, à l'oreille gauche, un anneau de folle. Une voix faible, des mouvements prudents, je me dis il doit souvent s'astiquer la tige celui-là.

Sous ses grands airs désintéressés, il essaie peut-être seulement de cacher une timidité maladive. Je lui donne une chance, d'où viens-tu, où vas-tu, tu voyages pour combien de temps ? La typique conversation des routards... J'ai l'impression de parler à un débile qui ne l'est pas vraiment. J'abandonne l'entretien et décide de faire comme s'il n'avait jamais existé.

J'invite Rick à déjeuner pour le remercier de m'avoir, hier soir encore, préparé un bol d'eau bouillante avec des limes. En sortant de la chambre, je réalise que l'asperge nous suit, mollement. Je suis un peu choqué qu'elle se soit invitée elle-même, quel culot ! Je ralentis le pas pour la mettre mal à l'aise, elle ne remarque rien. J'allume une cigarette, elle m'en demande une. Elle me tend ensuite la main pour le briquet, pas de merci, rien. Elle va me faire perdre patience. On s'assoit dans un petit resto, je commande une omelette, Rick aussi, bien sûr l'autre légume n'a pas l'imagination de choisir autre chose. Je lui présente mon flanc, une main au-dessus de l'œil, je me protège d'un soleil imaginaire pour que même nos regards ne puissent s'effleurer. Passivement, cette étrangeté, comme habituée au rejet, suit notre conversation de l'extérieur et éclate parfois d'un rire forcé. Ça m'irrite chaque fois, je me tourne encore plus vers Rick.

Je lui dis que je vais bouger demain ou après-demain pour Santa Rosa et prendre le bateau jusqu'à Iquitos. Il me propose d'attendre une journée de plus pour qu'il puisse se joindre à moi. Dimanche, il a, paraît-il, un rendez-vous galant dans la jungle avec Milena. L'histoire n'est pas claire mais je peux attendre une journée, Rick est un compagnon de route agréable.

Soudain, foudroyant notre tranquillité, l'asperge s'octroie la permission de demander si elle peut nous accompagner au Pérou. Je suis bouche bée devant cette question brutale, posée sans préliminaires et jetée sur la table avec une violence inouïe. Je suis encore sonné quand j'entends Rick, le cœur sur la main, l'inviter à se joindre à nous. On ne se préoccupe pas de mon avis qu'ils complotent déjà autour du prix du hamac qu'il faut acheter – il n'y a pas de lits à bord. Cette andouille sur pattes s'est fait dire qu'un hamac coûte cent dollars, elle est surprise d'apprendre qu'on en trouve pour une poignée de pesos. La discussion vire en allemand, le front de l'Est paraît calme, la bière froide, les armes secrètes en chemin, les femmes de l'ennemi complaisantes. J'ai envie de soulever la table et de brasser cette inutilité pour lui faire comprendre que les relations ne fonctionnent pas comme ça. Je soupire pour qu'elle m'entende. J'allume une cigarette. Je réfléchis, va-t-elle oser ? Elle ose ! Expéditif, je lui dis en espagnol d'aller s'en acheter. Pause. Je l'ai déstabilisée, elle cherche un point d'appui, la chaise, elle s'y tient fermement. Elle a le mal de mer, j'en profite pour lui lancer à la tête un torrent d'ondes négatives. Prudemment, elle me demande de répéter. Je me dis que son secret c'est l'innocence, voilà pourquoi elle a survécu jusqu'ici. J'aurais dû la laisser se noyer, mais je lui dis pour qu'elle comprenne bien « go buy some ». Elle se retourne et cherche des yeux un magasin. Un coup d'œil à droite, un autre à gauche, elle pose de nouveau son regard sur moi et cette asperge a l'insolence de me répondre « where ? ». Je monte le ton et m'époumone à lui dire qu'il faut marcher, walk, CA-MI-NAR, tournant une main à l'envers et faisant aller le majeur et l'index. Elle reste assise, lâche, elle me répond : « Ah… » Écœuré, je règle pour Rick et moi avant de trouver un subterfuge pour me sauver, seul. Cette lâcheté ne me suivra pas sur l'Amazone. Un soir alcoolisé, je pourrais en faire un amuse-gueule pour les caïmans…

Ma blessure va légèrement mieux, j'en profite pour boiter, je croise un homme qui titube aussi, un pied mince comme une tortilla, écrasé par une auto peut-être. Je le salue des sourcils, il me fait un signe de la main, à la façon des motards se croisant sur les routes, j'ai l'impression de faire partie d'une nouvelle communauté. Je tente de boiter plus discrètement. Je croise le Brésilien, « Hey loco, you want cocaïne ? ». Je monte vers la jungle, puis descends jusqu'au fleuve et m'arrête à une odeur de BBQ d'un vendeur ambulant. Je m'assois sur le trottoir et mange des bananes plantain fourrées au fromage avec des arepas à la viande. J'en donne quelques bouchées à un chien qui vient de se poser à ma droite. En forme de renard, de couleur beige, il porte un manteau de poils ras dans lequel fermentent des plaques de peau humides laissant penser qu'il a la pelade. Je remarque qu'il a pris soin de ne pas se mettre face à moi afin de ne pas s'imposer et de rendre sa présence moins désagréable. Cette attitude modeste et intelligente m'amène à lui présenter mes respects même s'il est plus loin du chien de chasse que de l'assisté social. Je récompense sa délicatesse par ce qu'il me reste d'arepas. De toute façon, ils étaient secs et froids. Il les mange du bout des dents ; j'évite de lui caresser la tête de crainte qu'il ne veuille plus me quitter.

Je retrouve Rick tard en soirée. Sur la terrasse devant l'hôtel, il rit de bon cœur avec un couple d'Autrichiens et un couple de Colombiens. Je m'assois avec eux. Ils considèrent que si l'on sait conduire à Bogotá, on sait conduire n'importe où dans le monde. Je me présente, « You know, Africa is still part of the world », ils rient. L'Autrichien donne volontairement l'impression d'être américain, le regard ombragé par une casquette de baseball portée trop basse, il mâchouille une gomme. À sa droite, sa copine présente une forte poitrine que caressent de longs cheveux blonds ; des traits Eva Braun et une bonne humeur Goering, elle pourrait être la mascotte de cette caserne. À côté, la Colombienne contraste, maigre comme une liane, l'air contagieuse, piercing à la lèvre et cheveux râpés trop courts, elle est tristement moche. Chichuwasa, ayahuasca, les gens vont, les sujets restent.

Je me retire sur le balcon de la chambre. La nuit est chaude et moite. Le bar à côté pousse de la salsa. L'asperge dort sur le dos, l'air mal à l'aise, elle avait fermé la porte du balcon, je l'ouvre, ici on la laisse ouverte, elle a juste à coloniser un autre hôtel. « NO PASARÀN », ai-je envie de lui crier dans les oreilles. Un Péruvien de cinquante-sept ans dort aussi dans notre chambre. Il vit depuis trente ans en Allemagne et il s'est offert une année de tournée en Amérique latine. C'est un homme qui aime profondément sa terre et sa culture d'origine, un homme à la discussion enrichissante, mais qui malheureusement part tôt demain pour Bogotá. Rick remonte, il vient seulement chercher le trois et demi de poudre qu'il cache sur le balcon.

Il revient une heure plus tard, complètement allumé, il attaque le balcon en dansant avec une femme invisible, au rythme de la salsa qui provient du bar. L'asperge remue dans son lit, on ne ménage nos éclats de rire que pour le Péruvien. Rick a soif, il veut escalader le remblai qui bloque la nuit l'accès à la cuisine et voir s'il n'y a pas des bières qui traînent dans le frigo. Il remonte avec quatre Aguilar, la marque populaire de bière locale, ses pupilles brillent comme des pleines lunes. Il se jette sur la chaise en bois qui fait dos au mur en expirant un nuage d'émotions cocaï-nisées. Il porte une camisole blanche, un petit short rouge de joggeur et un sourire de médaillé olympique. La musique du bar devient merengue, il roule des épaules, claque des doigts et ses orteils battent la mesure au double du tempo. Il nous décapsule deux bières. De peur de ressaigner du nez comme la dernière fois, il s'applique la poudre avec un doigt qu'il frotte sur ses gencives. Il devient bavard.

Il me parle de Laura, la petite de dix-huit ans qui sert les déjeuners tôt le matin dans un restaurant de la rue qui mène au Brésil. Rick aime aller la voir dès l'ouverture, à 5 heures, avant qu'arrive la clientèle habituelle, des chauffeurs de motocarros pour la plupart. Rick se doute bien qu'il ne projette pas l'image voulue, la visitant à l'heure où il a les yeux pochés et où il empeste l'alcool entre autres parfums de sueur et de vêtements humides. Elle, Fraîche du jour, accueille avec plaisir l'attention qu'elle reçoit, en retour de quoi elle offre un visage agréable à contempler, un peu de café et une présence délicate comme ses hanches. Finement taillée, elle est pourtant déjà mère de deux garçons, trois et quatre ans. Le père est parti, mort ou en prison, on sait pas. Rick aimerait bien la baiser, mais il arrive malgré tout à apprécier simplement sa présence féminine. De toute façon, il se doute bien qu'il ne la baisera pas. Il se représentera quand même à elle, comme une flaque d'eau stagnante sur laquelle patinent les mouches, dans quelques heures seulement ; il est déjà 2 heures du matin.

L'empire contre-attaque

Rick se réveille vers 14 heures. Il veut qu'on achète nos hamacs pour le bateau, je l'entraîne du côté de Tabatinga. Je veux revoir cette ville une dernière fois, je suis nostalgique avant même de l'avoir quittée.

Rick est éclaté de bonheur, au réveil il s'est resservi dans le baggy et le revoilà énergique, canette de bière à la main. Je dois lui demander plusieurs fois de ralentir le pas et j'insiste pour qu'on marche du côté ensoleillé de la rue, il préférerait le côté ombragé. On tombe sur un de ses amis de beuveries, qui boite comme un clochard et qui s'excite en voyant Rick comme s'il voyait un revenant. Malgré un jeune âge certain, l'ami affiche un kilométrage élevé et une maintenance négligée. La carrosserie au complet est en train de foutre le camp, à commencer par la dentition. D'une sacoche de style inca, il sort une bouteille en plastique pleine d'alcool maison et nous propose un chorro. Rick descend un shooter d'une traite et hurle comme s'il avait le feu aux entrailles. On éclate de rire et on se check du poing. Quelques coins de rue plus loin, par hasard, on croise sa femme. Française, enceinte et rousse, elle se balade à vélo dans une longue robe à fleurs bleue et blanche. J'arrive pas à croire que cette fille attend un enfant de la loque humaine qu'on vient de quitter. Rick ne voit pas ce que je veux dire, je ne sais pas pourquoi j'essaie de lui expliquer…

Port de Tabatinga, les bars sont bondés, les regards musclés. Les haut-parleurs crachent à plein régime toutes sortes de musiques où le chanteur nous ordonne de « mueve la cintura ». J'adapte ma démarche selon le rythme du bar devant lequel on passe. On tombe sur une espèce de hangar-bazar où des milliers de hamacs s'empoussièrent. Je laisse à Rick le soin de mener les affaires, il choisit deux hamacs à dix dollars la pièce. Le vendeur l'assure qu'en dessous de cette qualité, le poids du corps n'est pas supporté, et qu'on se retrouve rapidement le culo au sol, les orteils au front.

On traverse un parc où Rick mate le cul de filles de quinze-seize ans. Au rythme où vont les choses, il va bientôt mater le cul des voitures. On rencontre Sebastian, un des dealers de Leticia. Apparemment il travaille aussi à Tabatinga puisqu'il est assis ici, sur un banc du parc, à faire semblant de vendre des petits chevaux en plastique. Il nous invite à nous asseoir en tassant les chevaux. J'ouvre mon paquet, il ne fume pas. Je lui demande si tout va bien car il sue à grosses gouttes et son visage n'exprime que douleur. Il nous montre le dessous de son pied gauche, il est ouvert exactement au même endroit que moi, mais sa blessure est plus importante. Il nous raconte qu'il y a deux semaines, un soir bien arrosé, il a marché sur une bouteille brisée. Il a attendu que ça passe mais ça ne fait qu'empirer depuis. Je lui propose mes antibiotiques que je n'ai pris qu'une seule fois, il me demande combien, pas la peine d'en parler, lui dis-je. Il faut seulement que je passe à l'hôtel, je ne les ai pas sur moi. On se donne rendez-vous à 22 heures au parc de Leticia.

On arrive devant un bar où des sifflements insistants nous interpellent. Encore un ami de Rick, en train de boire tout son change avec un homme aux forts traits indiens ; il nous invite pour une bière. Il s'appelle Diego, menuisier de profession, c'est lui qui a réparé la guitare au caisson défoncé de Rick. Il louche tellement qu'au début, quand il me parle, je ne réponds pas, croyant qu'il s'adresse à quelqu'un d'autre. Il siffle à s'érafler les lèvres avant qu'une des deux matrones tenant le bar daigne remarquer notre existence. Elle nous accoste telle une baleine à bosse sur des flip-flops roses. Sur ses épaules flotte une large camisole jaune, rentrée dans un legging noir qui met en vitrine un derrière de stade olympique.

Avec un air de j'ai-tout-vu-mais-j'dirai-rien, elle nous demande ce qu'on veut. Diego commande pour nous. La musique joue à tue-tête, notre hôte apprécie particulièrement les chansons d'un certain Vicente Fernández, le roi de la ranchera. Je penche plutôt pour des musiques péruviennes aux rythmes d'autobus plein à craquer. J'adore quand la chanteuse se lamente sur des gammes hyper aiguës pendant que le synthétiseur zigzague à toute vitesse entre les quarts de ton. Diego siffle toutes les filles qui passent comme si elles allaient se retourner : « Hey negra, mira, mira. » Il acquiesce ensuite de la tête, l'air de dire « viens ici petite », avec un œil qui dit merde à l'autre ; on éclate de rire chaque fois. Je suis déjà en retard de plus d'une heure pour mon rendez-vous avec Sebastian, Rick s'en fout, il recommande une bière. Je les quitte alors et pas moyen de sortir un sou, Diego tient absolument à régler la note.

Il est minuit lorsque je récupère les médicaments et que je me dirige vers le parc. Je trouve Sebastian qui végète sur un banc avec cinq ou six locos. Celui qui a engrossé la Française est parmi eux, il me dit d'ailleurs en français, avec un accent de drag queen brésilien, « yè souis dèfoncé ». Je me demande encore comment il a fait pour convaincre la Française de coucher avec lui. Je donne à Sebastian le papier que m'a remis le docteur, pour qu'il connaisse la posologie des antibios et des antidouleurs. Son air de paysan étonné m'informe qu'il ne sait pas lire. Je lui explique donc du mieux que je peux quoi prendre et quand, je lui parle aussi des suppositoires. Ses amis se tordent de rire, j'arrive pas à me retenir non plus mais je lui conseille d'aller à l'hôpital se les faire injecter. On dirait qu'il va se taper une crise d'épilepsie tellement il tremble. Je fais circuler mon paquet et, quelques cigarettes plus tard, je salue toute la bande et souhaite bonne chance à Sebastian. Il se lève, me rappelle vers lui et me prend dans ses bras, il est trempé comme s'il pleuvait.

De retour à la caserne, les Anglo-Saxons ont effectué un débarquement : un Anglais, un Américain et un Australien ont pris position sur le balcon. Ils discutent victorieusement pendant que l'asperge lit des e-mails sur son cell, la pauvre. L'Anglais travaille à Bogotá depuis un an, il est ici en vacances pour une semaine. L'Américain, qui travaille aussi à Bogotá, est de l'Oregon, il est le sosie de Zdeno Chára avec trois ou quatre pouces en moins, je lui demande s'il le connaît, mais non. L'air vrai, sans complexes, on s'entend bien tout de suite. L'Australien est un phénomène ; plutôt costaud, il nous explique qu'ici lorsqu'on est blond aux yeux bleus, c'est-à-dire comme lui, on peut baiser tout ce qui bouge. Il voyage depuis vingt et un mois en Amérique latine, parle hyper mal espagnol et dit qu'il ne laisse derrière lui que cœurs brisés et chattes ravagées. Zdeno Chára trouve ça quand même triste (les cœurs brisés, pas les chattes ravagées). L'Australien lui dit : « C'est triste, mais les filles d'ici s'attachent trop ; c'est toutes des folles possessives. » Après la psychologie, l'expérience. Il gratte le haut de son torse épilé et les histoires pétaradent comme des feux d'artifice. J'ai laissé cette fille de Managua pleurant devant une gare d'autobus, cette fille de Mexico a perdu sa job quand son patron a trouvé la capote usagée oubliée sur sa belle chaise en cuir, et que dire de cette fille de Guatemala City qu'on a défoncée à deux jusqu'aux petites heures du matin.

Chára essaie de parler d'une fille qu'il a connue, Crocodile Pussy ne lui accorde pas la parole, il explique qu'il faut être ferme à la sortie du bar, sinon on récolte qu'un petit bisou, et hop, on retourne seul à l'hôtel, comme un pédé. Chára est d'accord mais il voudrait ajouter quelque chose, Croco n'a pas terminé d'expliquer qu'il faut être macho et parfois entraîner la fille par le bras si tu veux closer le deal. Si tu sais t'y prendre tu vas toutes les baiser, conclut-il sur un ton cool, comme pour dire je sais que tu le sais anyway.

Il se retourne vers moi et me demande si je veux sortir avec eux, ou si je connais des bons spots. Je leur dis que je suis fatigué, mais leur conseille d'aller à Tabatinga. Crocodile Pussy est surpris, on lui avait dit que c'était dangereux la nuit, je lui réponds que non. Ça ne l'est pas vraiment et, de toute façon, ils sont trois grands garçons, Croco parle beaucoup, il aura peut-être la chance d'agir là-bas. Au pire ça lui fera une histoire de plus à conter. Mais au même moment, Rick déboule dans le cadre de porte comme une descente de policia. Sur le ton de l'expérience, il leur déconseille Tabatinga. Il leur propose par contre un petit bar tout près qu'il connaît bien… Ils boivent une dernière bière avant de bouger, l'Australien raconte la fois où il s'est coupé un doigt, la fois où il a reçu un coup de queue de crocodile, la fois où…

Tendresse

6 h 30 du matin, Crocodile Pussy fait un boucan dans la chambre, il a l'air contrarié, j'imagine qu'il n'a pas ravagé de chatte cette nuit. Tiens donc, je croyais qu'être blond aux yeux bleus était infaillible. Il raconte de la merde à l'Anglais qui l'écoute avec des yeux fous. À cheval sur la clôture du balcon, Rick discute en criant avec des gens dans la rue, je ne perçois que le mot cocaïne. Il se retourne et voit que j'ai les yeux ouverts, il me dit en riant : « Chichuwasa, hahaha ! » Il me propose d'aller déjeuner. Il veut absolument qu'on aille voir Laura, même si à cette heure-ci elle doit être occupée avec d'autres clients.

Elle nous reçoit avec son plus beau sourire, la démarche panthère et le maquillage Cléopâtre. Rick, lui, a le sourire Camel sans filtre et la démarche dromadaire. Il lui dit qu'il est triste car il s'en va demain, qu'il va s'ennuyer d'elle, qu'elle fait les meilleures omelettes et ce genre d'ivrogneries. Elle accueille toutes ses phrases par un rire, comme on ferait devant un bébé qui dit n'importe quoi. Je suis gêné pour lui, et pour moi par extension, on est quand même assis ensemble. Je le pousse à finir son assiette, qu'on arrête de se donner en spectacle. Il insiste, il veut son adresse pour lui envoyer des cartes postales… En allant des tables à la cuisine, elle lui file l'adresse du resto. On se lève, elle ne me salue pas, elle a senti que j'essayais de freiner l'autre débauché et ça l'a peut-être ombragée dans son rayonnement. Rick l'embrasse sur les joues, puis il me regarde en disant : « She will miss me, too. » Je réponds oui.

De retour à l'hôtel, je débarque dans la chambre comme un taliban au printemps. J'allume la lumière, chantonne un air rappelant le mollah Omar aux vétérans, puis je déplace bruyamment mon lit, une chaise et tout ce qui traîne. Les alliés sont vaincus par le vacarme, Croco s'assoit dans son lit et demande : « What's going on ? » « Nada loco, es Colombia, es la fiesta ! » Il se recouche sans répondre. Douce est la revanche pour ce matin à 6 h 30…

Rick et moi sommes invités à la nouvelle maison de Marta pour y passer la journée. Voilà donc ce qu'était son rendez-vous galant avec Milena, un dimanche en famille à la campagne. Décidément, Rick est un grand romantique. On s'entasse dans un motocarro avec les garçons de Marta et on file sur Los Kilometros. On prend ensuite une piste secondaire où on s'embourbe plusieurs fois. Il faut descendre pour pousser le véhicule et je ne peux m'empêcher de penser à ma plaie qui n'est pas encore toute refermée. La piste devient impraticable, on doit finir à pied. On arrive à cette maison en bois et au toit en tôle, perdue au centre d'un jardin d'arbres fruitiers et séparée de la jungle par des barbelés.

Papi, le mari de Marta, l'homme qui ne parle jamais, nous accueille à l'entrée du terrain. C'est magnifique, bananiers, manguiers, goyaviers, papayers et limoniers abondent. Papi a acheté ce lot de terre l'an dernier, il vient juste de se faire construire. D'ici une semaine, sa famille n'habitera plus à l'hôtel, même si Marta et les filles vont continuer d'y travailler. Papi a quarante et un ans, il a pris sa retraite de la police il y a trois mois, après avoir servi pendant vingt-deux ans, le temps nécessaire pour avoir droit à une pension. Il n'a jamais été atteint d'une seule balle, grâce à Dieu, précise-t-il, embrassant la croix qu'il porte autour du cou. Puis, levant les yeux au ciel, il spécifie, « des camarades à moi n'ont pas eu cette chance ». Papi a passé les treize dernières années à Bogotá, revenant parfois voir la famille, mais il n'avait pas souvent congé et la route fluviale étant coupée par les Farc, il fallait prendre l'avion, et l'avion c'est cher… Son visage est serein, il a fait ce qu'il avait à faire au lieu de traîner au port à siffler les chicas. Il a ramassé clou par clou le matériel pour bâtir ce paradis. Aujourd'hui, il en ouvre grand les portes à deux idiots de gringos, qui squattent l'hôtel où travaillent sa femme et ses filles. Il n'en fait pas tout un plat et nous propose de visiter la maison : une cuisine et une chambre au premier, deux chambres au deuxième. Pour le reste, salle à manger, salon, toilette et douche, c'est dehors.

L'ambiance est à la fête, les garçons de Marta courent après des chiens qui entrent sur le terrain et qui en ressortent aussitôt, chassés à coups de bâtons. Les chiens apprécient le jeu, ils reviennent constamment et c'est vrai que les petits ne tapent pas très fort. Milena est là aussi, avec son garçon de six ans et sa fille de onze. Les filles de Marta s'improvisent DJ et choisissent une chanson de salsa qui semble populaire dans la famille, tout le monde se remue le derrière. Marta encourage Rick à danser avec Milena, il ne se le fait pas dire deux fois. Il entame une gigue de barbare germain, datant peut-être d'avant l'invasion romaine et bannie du monde civilisé depuis. Milena tente de calmer le taureau fou mais sans succès, je la perçois quand même compréhensive dans le sens qu'elle aimerait bien séduire l'animal. Effectivement, Marta nous avait expliqué que Milena a un mari, mais que celui-ci est aussi avec une autre femme. Milena a trente et un ans, deux enfants ; ses chances de refaire sa vie avec un autre homme sont à peu près nulles. Je me demande même si cette journée n'est pas arrangée pour qu'ils passent du temps ensemble. Et si c'est le cas, pourquoi m'avoir invité moi ?

Marta demande à ses filles de m'emmener faire un tour dans la forêt. J'y vais, non sans me poser des questions. La situation est-elle décente ? Est-ce juste moi qui suis trop égyptianisé ? Le sentier est étroit. On marche en file indienne et on s'arrête parfois le temps qu'elles m'expliquent à quoi sert cette plante, quel est ce fruit, et autres espagnoleries incompréhensibles. On dirait un tour guidé ou une date, peut-être

les deux, je ne sais pas. La plus vieille est complètement désintéressée, elle fait le minimum et elle veut
que je le sente. Rick m'a dit, il y a quelques jours,
qu'elle était promise à un Autrichien d'environ quarante ans. La plus jeune, quant à elle, rougit quand je
réponds à ses questions, elle n'est même pas capable
de me regarder dans les yeux, c'est une enfant, elle
doit avoir treize ans. Est-elle en train de vouloir me
plaire ? Veut-on me faire passer le message : si ma fille
te tente, sors-la de ce trou ? Je propose de rentrer...

Nous marchons sans parler, et la petite me fait
penser à cette fille qu'on m'avait présentée, il y a une
quinzaine d'années, au Soudan.

Je m'étais d'abord lié d'amitié avec son frère, Ahmad.
On s'était rencontrés sur le bateau Assouan–Wadi
Halfa, il revenait d'Égypte où il avait fait des études.
Il m'avait accosté sur le pont en me donnant une photo
de lui, taille passeport, avec son nom et son numéro
à l'arrière. « Quand tu seras à Khartoum, m'avait-il
dit, appelle-moi, je te ferai visiter. » J'avais trouvé son
approche bizarre sinon suspecte, mais une semaine
plus tard, dans un élan de solitude, j'avais sorti sa
photo froissée du fond de ma poche et je l'avais appelé.
Il était cool finalement. Avec des amis à lui, on avait
ensuite passé quelques jours à jouer au soccer et à
nous baigner dans le Nil. Un jour, Ahmad me proposa

d'aller chez lui. J'étais heureux car je me disais que c'était une marque d'estime.

Il était venu me chercher, le lendemain, dans une voiture toute défoncée qu'un de ses amis conduisait.

On roulait musique à fond et je suais de partout, écrasé sur la banquette arrière. Le diesel parfumait l'air, le trafic jouait du klaxon, on prenait le pont de Khartoum à Omdourman. Le Nil était sauvage à cet endroit, je me rappelle que je cherchais des yeux un crocodile... Quelques Marlboro light plus tard, on entrait dans un labyrinthe de rues sablonneuses, trouées comme s'il avait plu des obus la veille. La guerre aimait rappeler sa présence.

Le Soudan s'entre-égorgeait depuis des lustres et j'étais surpris de voir si peu d'hommes en santé, pour tant d'unijambistes, d'aveugles ou autres genres d'estropiés. J'étais aussi impressionné par les hommes de la police des mœurs qui rôdaient comme des vauriens, queue de chameau à la ceinture. Queue de chameau servant à fouetter les contrevenants, les buveurs d'alcool par exemple et, comme si la dissuasion n'était pas assez forte, sur la place publique pourrissaient des potences. Pourrissaient aussi, à l'ombre d'immeubles en ruines, les maudits parmi les maudits, les collectionneurs de malchance, avec l'autorisation de crever pour seul droit. Jamais, dans un autre pays, on ne m'avait autant demandé ce que je venais foutre dans ce trou de merde. Moi, dès l'arrivée, j'avais adoré, jamais je n'avais rencontré un peuple aussi généreux et accueillant, à part en Syrie.

On s'arrête dans une ruelle bordée de hauts murs aux portes de métal verrouillées. Ahmad se retourne vers moi, souriant : « C'est ici qu'on descend, Yallah Ayman ! » Il avait transformé Emmanuel en Ayman, le nom arabe qui se rapproche le plus du mien. Il frappe à la grande porte de la demeure familiale, qui s'ouvre après quelques minutes paresseuses. L'accueil est royal. Dans la cour intérieure, une quinzaine de personnes (qui semblaient attendre le Mahdi) sont assises sur des chaises de plastique encordées en demi-cercle. Tous se lèvent d'un bond. Les hommes me serrent la main, on me félicite pour mon arabe tout en riant de mon accent de films égyptiens et on m'invite à prendre une chaise, celle au centre de toutes les autres. Le père d'Ahmad s'assoit à ma gauche, une jeune adolescente à ma droite et le reste de la famille disposé selon son importance. Je suis encore étonné par cette réception quand la mère d'Ahmad se présente avec un petit jus de mangue. « C'est pour moi ? » Je regarde autour, personne n'a rien à boire. Je me confonds alors en shoukran et j'en bois une minuscule gorgée, j'essaie d'avoir l'air bien élevé. Ils éclatent tous de rire. « Bois ! Bois ! » m'ordonne le père d'Ahmad, mort de rire lui aussi.

Il porte le costume traditionnel des Soudanais du nord, une longue jalabeyya blanche avec un turban blanc également. Il veut me mettre à l'aise, il prend un air détaché mais il approche sa chaise de la mienne, du genre parlons des vraies choses. On passe de la guerre civile au taux de change, et des sanctions américaines au sionisme, puis il me demande ce que je

fais comme travail : « We hadritak tishtaghal eh ? »
« Euh !… (Je réfléchis vite.) Étudiant en administration. » « Al-hamdoulillah ! » répond-il, les yeux pétil-
lants d'enthousiasme. Je n'ai pas envie de le déce-
voir, et qu'est-ce que je pourrais bien lui dire : je suis
pas un blanc comme vous pensez monsieur, je suis un
rêveur, c'est mon occupation principale voyez-vous ?
J'aimerais faire de la musique, des livres ou des films,
mais pour l'instant je ne fais qu'en rêver. Je voyage
aussi, ça me donne une raison de rien faire, en plus
je suis vraiment bien nulle part, je sais pas où est ma
place et je sais pas quoi faire de ma peau. Je pourrais ajouter que je préfère flirter avec la criminalité
qu'avec sa fille, que je sais qu'il veut me la présenter
depuis qu'elle est assise à côté de moi, silencieuse
comme une tombe, raide comme un minaret et en
âge d'entrer au secondaire. Justement, il me demande
si je suis en relation, je réponds oui. Il se contrefout
de ma réponse, « parce que je voulais te présenter ma
fille, Hannan ». Je me dis que c'est quand même un
beau nom, ça veut dire tendresse. Il me la présente
d'un geste de la main, comme pour dire : admire cette
beauté ! Je la regarde par courtoisie, elle fixe le plancher, immobile sauf pour son cœur qu'on sent battre à
vouloir exploser. Contrairement à son père, elle comprend que je ne suis pas intéressé, et je suis désolé
pour elle. J'aurais voulu éviter de la blesser. « Je suis
fiancé », dis-je clairement. Il éclate de rire, il sait que
je lui dis n'importe quoi mais ça ne le dérange pas. Je
ris avec lui, en fait tout le monde rit, sauf Hannan. Elle
n'a toujours pas bougé.

Bientôt les gens se dispersent, je ne la vois pas s'esquiver. Je remarque seulement qu'elle a disparu. La cour se vide lentement, quelques chaises renversées donnent à la scène un air d'illusion perdue. Le père me reconduit à la porte en m'appelant mon fils. Bras sur l'épaule, il m'assure que je serai toujours le bienvenu chez lui.

Je rentrerai à l'hôtel en minibus avec Ahmad. On se reverra une dernière fois avant mon départ de Khartoum, accompagnés par deux amis à lui. On ira sur une grande avenue du centre-ville, prendre une boisson de lait caillé au goût d'arachide, servie température Sahara dans des bouteilles de coke usagées. On se promettra de s'appeler pour rester en contact, on ne le fera ni l'un ni l'autre.

Retour à la maison avec les deux petites Colombiennes. Le Gitan joue les troubadours, torse nu dans son mini-short rouge, il chante une ballade en jouant sur sa guitare désaccordée qu'il a traînée avec lui. Les gens parlent, personne ne l'écoute. Il continue de jouer, comme si ça ne le dérangeait pas, comme s'il jouait pour lui-même. Soudain lui vient l'idée de grimper à un arbre. Il fonce. Les « oh ! » et les « ah ! » retentissent dans la cour et augmentent en intensité au fur et à mesure qu'il confirme son agilité de Gitan, cambrioleur d'appartements surélevés. À la bonne hauteur pour se rompre le cou, il se balance à une branche qu'il ne tient que d'une main. Tout le monde retient son souffle. Il sait qu'on a peur pour lui, il savoure l'instant, enchaîne les singeries et se venge de l'inattention qu'il a reçue lorsqu'il jouait de la guitare. C'est en conquistador qu'il redescend, sous les acclamations, des copeaux d'écorce sur son corps suant. Milena semble succomber devant tant de virilité et Rick presque jouir de puissance. Malheureusement pour eux, ils ne sont pas seuls. Il y a de ces occasions ratées dans la vie qui ne se présentent pas deux fois.

Marta coupe les feuilles d'un arbre pour en faire des assiettes, Papi sert la viande et les bananes. Ça sent divinement bon. D'abord les enfants et les invités mangent, Marta et Papi ensuite. Ils s'assoient à l'écart, je ressens tout l'amour qu'il peut y avoir entre eux et je suis touché. Je me dis que celui qui ne parle jamais n'a pas dix mille moyens pour améliorer le sort des siens, je ne le juge pas.

On nous propose de rester coucher. Certain qu'il va enfin se taper Milena, Rick accepte sur-le-champ. Puis, il la regarde avec les pupilles en forme de bite… Elle tourne les yeux mais il ne comprend pas, aveuglé par l'excitation et cet immense sourire de con qu'il a de déchiré jusqu'aux oreilles. Moi je refuse poliment et rentre à l'hôtel. Milena dira à Rick que ce n'est pas possible, qu'elle doit rentrer chez elle pour s'occuper des enfants. Il finira seul, cherchera quoi faire et ne trouvera rien à part se gratter et écraser des moustiques. Il se passera de souper, crèvera de faim, se demandera si Milena pourrait changer d'idée, comprendra que non, s'enroulera dans un hamac et se fera bouffer de partout, même à travers ses vêtements. Il se réveillera à l'aube, heure où chaque pousse de jungle semble cacher une bête hurlante, il recrèvera de faim, maudira l'Amazonie, la terre entière et surtout Milena, puis il glandera jusqu'à 10 heures avant qu'un motocarro vienne le chercher. Il rentrera à l'hôtel un peu énervé.

Larguer les amarres

22 heures, un vieux rafiot sur l'Amazone

Couché dans mon hamac, je dégouline de sueur. J'ai les yeux rivés au plafond. Il n'y a que coquerelles, araignées, papillons, fourmis, sauterelles et autres bestioles aux formes comme aux couleurs qui ne me disent rien… Je sursaute à chaque insecte qui m'escalade ou atterrit sur moi ; le pire c'est les sauterelles. Sur mes jambes, mon torse, mon front, n'importe où en fait, elles posent leurs pattes nerveuses et j'explose de palpitations incontrôlées. Je déteste autant les papillons qui se perdent dans ma chemise ou dans mes shorts, se débattant à grands coups d'ailes pour en sortir. Juste en haut de moi, en ligne droite avec mon nez, une coquerelle manœuvre péniblement dans une toile d'araignée. La moitié du corps dans le vide, elle essaie de se rattraper avec ses pattes avant. Je me lève sans réfléchir, me frappe et me gratte partout, cherche une solution, il n'y en a pas. En plus je suis directement sous une lumière, faut-il être un connard de gringo des villes pour avoir choisi cet emplacement. Le bateau est maintenant plein à craquer, va falloir assumer...

Comment vais-je faire pendant trois jours ? Déjà un milliard de saloperies volantes m'ont pris pour une piste d'atterrissage ou un buffet all you can eat. En approchant mon bras de mes yeux, je réalise que je suis envahi par une tonne de créatures minuscules baignant dans ma sueur. Des petits points noirs ou bruns, j'en ai partout. Relaxe mon cœur, répète ma tête, ça ne sera pas aussi terrible lorsqu'on sera au milieu du fleuve, du moins je l'espère... Mes voisins de galère, eux, n'en font pas un drame, Rick non plus d'ailleurs, il attrape une sauterelle, fait mine de la manger et la lance à l'autre bout du pont en riant.

Les heures passent, des jeunes sans une once de gras déchargent des palettes de Coca-Cola et d'autres cochonneries qu'on apporte à la jungle. En échange, elle donne son bois, les jeunes en bourrent la cale. On partira quand ils auront terminé.

Le jour même, avant l'enfer vert

Taxi-pirogue de Leticia à Santa Rosa, il est 15 heures. Le départ pour Iquitos est prévu à 17 heures, ça nous laisse le temps de casser la croûte et de passer la douane. Dans une cabane en bois sans fenêtres et sans électricité, un policier sans uniforme nous contrôle. Une femme à ses côtés, un bébé accroché au dos, éclaire nos passeports avec son cellulaire. On mange ensuite au restaurant où nous étions il y a deux semaines avec Daniel et Camilo. On attend le bateau. Rien ne sert de demander où il va accoster, apparemment jamais à la même place. Ni de demander à quelle heure il va arriver, peut-être ce soir, peut-être demain… Il est 20 heures lorsque les lumières du rafiot, sur le fleuve obscur, annoncent sa lourde présence.

La moitié du village se jette sur l'endroit où il accoste. Santa Rosa n'étant pas éclairée, on avance à tâtons pour ne pas perdre une sandale dans la boue. On embarque sur le bateau par une planche de bois instable. À bord, c'est le Congo. Ça zouke dans tous les sens et c'est la course aux meilleures places où accrocher son hamac. Comme on est les seuls « mundele », que ça pousse autant que ça crie, Rick prend peur. J'essaie de le calmer mais il est certain qu'ils veulent nous voler nos bagages. « Qui ça, ils ? » « Those fuckers », dit-il, montrant personne et tout le monde à la fois. Il commence à m'énerver, je lui demande de laisser tomber un peu le côté allemand au profit du côté gitan. Il n'apprécie pas du tout. Il aurait voulu du soutien. « PAS UNE CRITIQUE ! » me gueule-t-il dessus. Au bord de la crise de nerfs, il continue quand même d'attacher nos hamacs – moi je ne sais pas faire de nœuds marins – tout en m'ordonnant de ne pas quitter nos bagages des yeux une seule seconde. La température grimpe, Rick a le couvercle qui tremblote comme s'il allait péter dans tous les sens. Comme de fait, après un petit accrochage où il manque de perdre l'équilibre, il aboie pour qu'on l'entende jusqu'à Berlin : « I HATE THIS COUNTRY ! » Je deviens rouge comme un gamin, on a l'air de quoi maintenant… Si t'aimes pas zouker viens pas sur la piste, reste chez toi ou va au Club Med. Bref, je le laisse avec nos bagages et je vais explorer la discothèque.

Un pas à gauche, un pas à droite, je danse jusqu'au toit. Les nuages masquent la lune, on n'y voit rien. Un petit feu rouge de cigarette plus loin m'indique qu'il y a quelqu'un. J'en allume une de mon côté, je m'appuie sur le bord du rafiot, gras comme une livre de beurre. Je redescends. Je réalise qu'en marchant entre les hamacs, je dois baisser la tête ou je me la cogne contre le plafond bas. Ce n'est pas si douloureux, c'est surtout bourré de toiles et d'araignées. J'arrive à l'arrière du bateau, une odeur nauséabonde m'assaille : les toilettes… À l'intérieur, c'est horrible, il y règne une chaleur infernale car elles sont juste au-dessus de la salle des machines. Et c'est ici qu'on devra prendre notre douche, dans les toilettes, à travers un tuyau d'où coule un léger filet d'eau pompée du fleuve. À ce moment, je me dis que je n'en prendrai pas, mais je changerai vite d'idée, préférant braver la puanteur et les moustiques que de rester collant de sueur. Je descends encore d'un étage, c'est la cale, il n'y a rien à y faire à part mourir de chaleur. Je remonte me coucher dans mon hamac, je me torche le front, les yeux rivés au plafond.

Un ronronnement de moteur annonce le départ, enfin! Une légère brise vient rafraîchir le pont. Les moustiques se font moins présents. Trois ou quatre postes de radio jouent des musiques différentes, mon hamac se balance légèrement d'un côté à l'autre, je m'endors, exténué.

Les contrôleurs apparaissent au milieu de la nuit; c'est maintenant qu'ils veulent faire payer les passagers. Ils ont dû me brasser dans tous les sens, je dors comme une tombe. Quand je suis en tournée, parfois, après les concerts, mes amis foutent un boucan incroyable dans la chambre d'hôtel, ça ne me réveille jamais. J'entrouvre les yeux et devine deux silhouettes sérieuses sous des casquettes de capitaine Haddock. On dirait qu'ils viennent donner un spectacle. L'un d'eux fait toutes sortes de gestes signifiant argent, l'autre donne des coups de crayon sur le petit coffre en métal qui leur sert de caisse. Sans dire un mot, je fouille mes poches. Je n'aime pas le sentiment d'être épié par des ombres faisant semblant de dormir, au moment où je dévoile où sont cachés mes soles. Le bateau coûte environ vingt dollars pour trois jours de voyage, repas compris. Je tends aux contrôleurs un billet d'une valeur légèrement supérieure à la somme nécessaire. Je dois avoir l'air plus naïf que je le suis, celui qui me rend la monnaie essaie de s'en garder un peu. Je lui fais savoir que je comprends son petit manège, mais il m'assure que je ne lui ai pas donné autant que je le prétends. Rick, qui jusqu'ici a suivi la scène en silence, s'empare de la parole presque en jappant. Moitié en allemand, moitié en on ne sait quoi, il fait comprendre à tous qu'il est prêt à mourir pour qu'on nous respecte. Le marin d'eau douce a comme par hasard la mémoire qui lui revient et il me remet ma monnaie.

Je remercie Rick. Le pauvre en a encore les poils tout hérissés. Je referme les yeux. Au même moment, une femme qui ressemble à une nonne m'interpelle. Elle n'en est pas une, je le saurai plus tard, ici il y a beaucoup de Témoins de Jéhovah qui portent ainsi un voile. Elle me jacasse dans les oreilles alors que je somnole, je comprends rien, je lui réponds n'importe quoi. Mon compagnon me réveille brusquement. Il me dit que la nonne ne trouve plus son téléphone et nous accuse de l'avoir volé. Je n'arrive pas à le croire, pourquoi nous ? Elle discute avec d'autres femmes, je ne perçois que «los gringos», et je me doute bien qu'elle n'est pas en train de leur dire qu'on est sexy... Rick a le couvercle qui retremblote, il me chuchote : «Je dormirai pas de la nuit.» À bout de souffle j'expire : «Si tu veux...» Bercé par les vagues, je plonge au pays des rêves, cette fois profondément.

La croisière s'amuse

Réveil à l'aube. Tous les hamacs semblent remuer en même temps, il est 5 h 30. Un coq qui passera le voyage caché sous l'escalier menant au toit sort de son trou. La crête fière, il annonce le jour en cocoricant comme s'il expulsait un mal lui brûlant la gorge. Puis il retourne vite se cacher, craignant l'humeur matinale des hommes.

La brume est épaisse et, comparé à hier, le rio s'est rétréci. On frôle la jungle, sûrement pour éviter des bancs de sable, notre navire parfois décapite quelques branches. Leur craquement résonne mystiquement dans la condensation. J'imagine des singes observer notre progression. Je troque ma petite chemise blanche pleine de sang – souvenir des moustiques d'hier – contre un hoody réconfortant, et je monte sur le toit. La vue est magnifique. On passe devant un village moitié tôle moitié feuillage. De la berge boueuse, des pêcheurs enfourchent leur pirogue. Derrière nous, une famille de dauphins roses semblent nous saluer, sautant d'une vague à l'autre.

J'ai la dalle. Sans m'appuyer sur la rampe grais-
seuse, je redescends. Les autres passagers déjeunent
déjà. Je me dis que ça n'a pas l'air terrible quand le ser-
veur, ou la serveuse, un genre de lady-boy thaïlandais,
me tend ma gamelle. Flashback de l'Inde. L'odeur, la
couleur, le dépouillement du repas, tout est là : deux
tranches de pain sec et un thé crémeux comme un
yogourt. Un amigo m'indique qu'il faut tremper son
pain dans le thé, « sinon tu y risques une dent tellement il est sec ». Je trouve ça aussi drôle que lui, mais
j'ai pas assez faim pour aller au bout de la blague. Je
balance tout au fleuve. Je siffle la lady-boy qui s'éloi-
gnait et commande un tinto por favor. C'est pas inclus,
il faut payer un surplus. Pas grave, il est mauvais mais
ça fait du bien, je le sirote en enchaînant les Marlboro.

On arrive à un village plus gros que les autres. À
l'instant où est jetée une planche de bois nous liant à
la terre, un tsunami de femmes et d'enfants passe par-
dessus bord, les bras chargés de poissons fumés, de
noix de coco et de fruits de la passion.

Soudainement, des policiers investissent le pont.
Ils arrivent avec l'air de celui qui sait, au cas où il y
aurait quelque chose à savoir. Au faciès, ils demandent
quelques pièces d'identité puis s'en vont comme ils
sont venus, d'un pas lent et suspicieux. Viennent
ensuite les hommes de la douane, armes à la ceinture, le pas est plus lourd. Celui qui me demande mes
papiers, un grand musclé style footballeur brésilien,
repasse deux fois les pages de mon passeport, et s'arrête, curieux comme un petit garçon, sur celles aux

visas exotiques. Il se retient quand même de tout étonnement et me remet mon document d'une main ferme.
Après la paperasse, la fouille. Ça s'annonce long... Ils
passent au peigne fin tous les bagages. Je croyais qu'ils
allaient nous mépriser, jouer avec leurs armes en nous
interrogeant, nous faire comprendre qu'ils peuvent
nous tuer si ça leur chante, mais non, le Pérou n'est
pas le Soudan...

Ils sont courtois, traitent les gens avec respect et
prennent même soin de remballer les sacs qu'ils ont
défaits. Reste que c'est pas le paradis, les douaniers ne
sont pas des anges. Mon voisin de hamac a du mal à
s'en tirer avec cinq paires de chaussures neuves encore
dans leur boîte. Après une longue discussion où se
mêlent taxes et droits d'importation, le malheureux
leur lâche une paire.

On quitte la ville trois heures après y avoir accosté.
D'ambiance décontractée, on passe à ambiance «relâ-
chement total». Les inconnus d'hier deviennent
famille, chacun prend ses aises, les hommes en bedaine,
les femmes en couvre-seins. On ne prend même plus
la peine de jeter nos déchets dans le fleuve, le pont
se transforme en dépotoir et des restants de bouffe
appellent les mouches. Les enfants reçoivent le signal
cinq sur cinq. Dans une sorte de mutinerie spontanée,
ils prennent possession du navire. Ils courent d'un bout
à l'autre, s'enfargent dans mille bagages et finissent
par se prendre une paire de claques. Nerveusement,
ils pleurent comme ils rient, recommencent à courir,
reprennent une paire de claques, et ainsi de suite...

La croisière s'amuse. Le soleil se couche et je vais prendre ma douche dans les toilettes aux odeurs nauséabondes. Je reviens torse nu, sentant bon le savon et dégoulinant d'eau – je voyage sans serviette, petit bagage oblige. Plusieurs regards féminins me dévorent de la tête aux pieds, mais surtout au niveau du boxer qui, mouillé, laisse entrevoir plus que prévu. Caramba ! J'ai l'impression d'être une jeune adolescente effarouchée qui retient sa jupe après un coup de vent, j'enfile tout de go un t-shirt comme si je me réfugiais derrière une burqa. Rick va aussi prendre sa douche, mais lui, au retour, n'a pas droit qu'aux regards ; une admiratrice entreprenante, sur le pas de la conquête, vient se planter devant lui.

En fait, elle plante son bassin à hauteur du nez de Rick – qui est maintenant en position hamac –, et elle se déhanche à la recherche d'une pose qui la mettrait en valeur. Ça va être difficile, parce qu'elle a beau roucouler d'une voix de miel, son corps rappelle l'ours, son déhanchement aussi. Rick est abasourdi, comme si de mémoire de Gitan on n'avait jamais vu ça. Elle lui dit qu'ils se sont souvent vus à Leticia, il ne s'en souvient pas. Elle est colombienne et voyage jusqu'à Lima, il ne ressent pas le besoin de lui spécifier où il va ni d'où il vient. À toutes ses questions, il ne répond que par des sons d'étonnement.

Alors, puisque les mots ne sont d'aucune utilité pour exciter cet idiot de mâle, la séductrice se replie sur les sons de la jungle, qu'elle imite avec un certain brio. Elle passe du crapaud au singe hurleur, et de la chauve-souris au jaguar en un tour de langue. La technique de drague, quoique primitive, pourrait porter ses fruits. Rick rit de bon cœur, comme bon nombre de passagers devenus spectateurs, mais le mâle a sa fierté, il veut qu'on sache qu'il en faut plus pour le conquérir. Il fait dos à la femelle, se blottit dans son hamac et en rabat les extrémités sur son visage.

La prétendante n'a d'autre choix que de tourner les talons et déclarer forfait. Forfait qui ne sera que provisoire ; le lendemain, elle accrochera un soutien-gorge et un sous-vêtement au hamac de Rick. Elle reviendra plusieurs fois dans la journée vérifier s'ils sont secs, en les déployant dans tous les sens.

Au cœur du vrai

Réveil à l'aube, nouvel arrêt. Les vendeuses qui nous prennent d'assaut ici sont toutes voilées, fidèles à Jéhovah, comme quoi y a pas qu'Allah d'exigeant. Les passagers au début les ignorent, mais à force d'obstination, elles écoulent pas mal de stock. En fait, plus la route s'étire, plus on consomme, on trompe l'ennui comme on peut. On largue vite les amarres, mais une commerçante finissant une transaction n'a pas eu le temps de descendre, les pattes comme plâtrées au pont, elle regarde la terre s'éloigner. Ma première réaction aurait été de courir avertir le capitaine, mais s'arrêterait-il pour une vulgaire vendeuse, bloquée à l'âge des chasseurs-cueilleurs ? Je reste couché. J'imagine qu'elle descendra au prochain village et qu'elle attendra un bateau qui va vers chez elle. Vêtements tachés, troués, Vision Mondiale pourrait en faire la tête d'affiche de sa prochaine campagne… Elle ramasse son panier, tourne autour des voyageurs comme une lente toupie, et répète le nom de ce fruit ressemblant à un concombre géant. Je lui en prends un. Remplie de pépins, la chair blanche qu'on peine à en extraire est rafraîchissante mais fade. J'en mange un peu et dépose le fruit sous mon hamac, comme si j'allais le finir plus tard.

Je fantasme sur la jungle depuis que j'ai vu le film *The Mission*, je devais avoir huit ans. Dans mon lit le soir, je me transformais en De Niro, reniant la couronne espagnole et embrassant la cause indienne. Je régnais sur la jungle et, avec mes amis indiens, qui avaient vu en moi un stratège militaire hors pair, j'élaborais mille pièges décapitant l'impérialisme européen. J'étais d'ailleurs le seul blanc autorisé à vivre avec les indigènes; jésuites et autres missionnaires étaient crucifiés sur place. Les yeux grands ouverts dans ma petite chambre d'enfant, j'étais Dieu face aux colons assoiffés d'or diabolique. J'aurais pu les exterminer, mais sans obstacles, les fantasmes n'ont aucun intérêt, les colons arrivaient donc à déjouer mes pièges et menaçaient maintenant notre village. Les salopards.

« Évacuez les femmes et les enfants ! Sauvez-vous dans la montagne ! » J'aboyais mes ordres, un mousquet à la main, un bambin en pleurs dans l'autre, il hurlait : « Les blancs ! Les blancs sont là ! » Je risquais cent fois la mort pour le remettre à sa mère puis, genou à terre, je visais le plus gradé des esclavagistes. Brrrap! Un pruneau en plein front. La riposte ne se faisait pas attendre, grêle de plombs, explosions, la mort qui siffle, je fuyais ma position. Même touché à la jambe, je courais jusqu'à la montagne où je retrouvais les miens en lieu sûr. Ils m'accueillaient par des « HOURRA ! » et des « GRAND ESPRIT SOIT LOUÉ ! ».

J'étais en relation avec une certaine Pocahontas, elle ressemblait à cette belle brune dans ma classe qui me prenait pour un con. La voir se ruer vers moi, émue et inquiète, faisait gambader mon cœur comme petit poney joyeux. Nos âmes se nouaient comme tresse de squaw et on s'embrassait le temps d'un éclair, mais je reprenais vite mes esprits. Du haut de mes huit-neuf ans, j'étais un homme, et je n'avais pas le temps pour ces enfantillages.

— Écoute Pocahontas, je dois…

Elle m'interrompait, en sanglots :

— Ne retourne pas là-bas, beau guerrier, méchants blancs vont tuer toi !

— J'ai pas le choix honey, c'est mon job, je dois sauver la forêt et…

— Forêt être plus importante que Pocahontas ?

— C'est pas ça, c'est queee, euh…

Elle commençait à gâcher l'ambiance, je me retournais énervé dans mon lit.

— Faut qu'j'y aille !

J'aimais bien l'amour, mais j'aimais mieux la guerre. Et je rêvais de me battre, pas de glander toute la journée avec une princesse. Je la laissais me supplier de revenir et j'allais, une feuille devant, une feuille derrière, rejoindre les braves.

Ils étaient en train de tremper leurs fléchettes dans le venin d'un serpent qu'ils venaient d'attraper. Nous étions au pied de la falaise, inférieurs en nombre, et là se trouvait tout le plaisir de gagner. Dans un revirement que je ne comprenais pas toujours, car l'imagination a ses limites que la fatigue impose, nous mettions l'ennemi en déroute et je cédais au sommeil, sous la clameur de nos tamtams triomphants.

La forêt était sauvée, Pocahontas m'aimait – sa sœur aussi d'ailleurs – et les guerriers festoyaient autour d'un immense banquet !

Soupe aux nouilles trop cuites avec petit os graisseux sur lequel, si on est persévérant, on peut trouver de la viande. Au dîner comme au souper, ça fait trois jours qu'on mange la même chose…

Tombe le soir, Rick se soûle avec de nouveaux amigos sur le toit. On s'est obstinés aujourd'hui pour une question sans importance. En voyant des vendeurs monter à bord, j'ai été touché par leur état dépouillé et j'ai partagé ce sentiment avec Rick. Il m'a répondu quelque chose du genre : « Ils ont croqué la pomme du dollar, qu'ils assument, ils feraient mieux de retourner dans leur forêt, où ils seraient plus heureux. » J'ai répliqué qu'il n'avait qu'à y aller, lui, vivre dans la forêt, à poil et sous les bons offices d'un chaman, charlatan comme souvent. Il s'est montré choqué de m'entendre ainsi parler des chamans et il m'a dit qu'il voulait effectivement vivre dans la nature, loin de la société de consommation. J'ai ri de sa naïveté et il ne l'a pas pris. J'aurais pas dû répondre, à quoi ça sert, mais il me chauffait la soupape avec ses discours anticapitalistes d'étudiant en environnement. S'il n'aime pas l'argent, qu'il jette le sien dans le fleuve et qu'il arrête de se mentir à lui-même. La vie c'est pas Walt Disney, de toute façon on est foutus depuis que Pocahontas est tombée sur Pizarro.

Bref, on approche d'Iquitos et l'effervescence à bord explose. En mode détenus libérables, les plus pressés défont leur hamac des heures à l'avance. Les filles se maquillent, on se met une couche de parfum sur la sueur et on se passe un torchon sur le soulier. J'aurais préféré dormir, mais moustiques plus ambiance de fête égalent nuit blanche. Au cœur du vrai, j'y serais resté encore une semaine, mais l'inaction ramollit autant le corps que l'esprit, je ne suis pas fâché d'arriver.

Quatre heures du matin, on accoste au port d'Iquitos, l'accueil est sauvage.

Deal is done

Porteurs, rabatteurs et voleurs potentiels envahissent le navire, en même temps les voyageurs essaient de descendre, la cohue est incontrôlable ; New Delhi à l'heure de pointe un jour de fête. Nerfs à vif et épaules se disant bonjour de près, on se fraie un chemin jusqu'au rivage. Un chauffeur de motocarro nous y trouve, on s'entend sur son prix, le prix gringo.

On s'élance sur l'asphalte craquelé. Ça pue le tiers-monde à plein nez. Des chiens et des enfants se disputent des restants de protéines dans les déchets. Les ruelles ont un air de coupe-gorge et une haleine de fumeurs de roca. Sur cet air, les murs semblent chanter à la gloire des prostituées et des sicarios, et leurs refrains interminables semblent célébrer la misère chaque soir noyée dans la bière de maïs. On sort du port, on s'arrête à une station d'essence, notre chauffeur attendait l'argent d'un client pour mettre du gaz.

Les gens et les bâtiments ont meilleure mine au centre-ville. Le chauffeur stationne devant l'hôtel que je lui ai demandé, mais il insiste encore et depuis le départ pour nous présenter une meilleure adresse. Je lui répète pour la énième fois : « C'est cet hôtel-là que je veux, amigo. » Il frappe à la grande porte en bois donnant sur la rue, doucement, comme s'il voulait que personne ne l'entende. Il me regarde, comprend ce que je pense et frappe à nouveau, plus fort mais pas trop. Il recule ensuite comme pour dire j'ai fait ce que j'ai pu. J'inspecte la porte, il y a une espèce de sonnette en haut à gauche, drôle d'endroit, c'est peut-être autre chose mais j'appuie quand même dessus. Une fois, puis deux, puis trois. Rien. Le chauffeur me jette un petit regard triomphant... Vaincu, je rembarque dans son véhicule.

Arrivé devant l'adresse qu'il nous a tant vantée, cette fois il frappe de toutes ses forces. La porte s'ouvre. Une tête de drogué ne nous souhaite pas la bienvenue et retourne pioncer. C'est le chauffeur qui nous fait visiter les lieux : une pièce qui aurait voulu être un salon à l'entrée, une cour intérieure plus loin, munie d'un lavabo en phase terminale qui pleure ses derniers jours avec une table et cinq-six chaises. Les chambres sont au fond, en fait ce sont des dortoirs, il n'y a pas de chambres ici. Les pièces sans fenêtres sont accessibles par une porte-moustiquaire, on dirait des cages à poules. Dans une chaleur suffocante, quelques épaves humaines y sont échouées. Rick paraît satisfait, je me dis que ça ira pour quelques jours.

Je propose de laisser nos affaires et d'aller prendre un café. On marche et on ne trouve rien, tout est fermé. On repasse alors devant l'hôtel auquel on a sonné tout à l'heure. La porte est entrouverte. On entre histoire de comparer, j'ai espoir de trouver mieux qu'une cage à poules.

C'est mieux. Le dortoir, il n'y en a qu'un, d'une dizaine de lits superposés, est doté de deux portes, ce qui permet une certaine aération, et il y a même une fan dans la pièce. Comparé à l'autre place, c'est du luxe, c'est moins cher en plus. On retourne à l'hôtel des cages à poules, on se fait rembourser sans même argumenter, on prend nos bagages et la direction du nouveau dortoir.

Comme il fait chaud et que je traîne de la patte, je suis approché par quelques rabatteurs. Ils ne savent pas qu'ils tombent pratiquement sur un Égyptien, pour qui les Péruviens en ce domaine ne sont que de piètres joueurs. J'ai moi-même déjà joué au rabatteur, la première fois, c'était il y a une quinzaine d'années, au Caire.

Tout avait commencé un soir de janvier, il faisait froid, je traînais sans raison. Je me sentais seul face aux familles affichant un air moralement irréprochable. Je portais des souliers vernis car je croyais que c'était cool, un pantalon de jogging noir et un manteau Adidas bleu foncé.

J'errais dans cette ville depuis déjà trop longtemps, ça faisait des mois que j'apprenais l'arabe et j'en avais ma claque de l'Égypte. Faut dire que je sortais d'une relation amicale avec une bande de délabrés qui s'était mal terminée. Un des gars était tombé en amour avec moi, c'est un autre groupe qui l'avait confronté en me disant ça alors que nous étions, comme tous les jeudis soir, au club Nadi Zamalek. L'autre bande avait aussi dit que mes copains violaient un gars d'environ quinze ans, le jeune était là, il baissait la tête, j'apprendrais plus tard que c'était vrai… Démasqué, mon « amoureux » m'avait proposé d'aller faire un tour aux toilettes, j'avais pété les plombs, l'autre bande s'en était mêlée, la soirée s'était terminée en bagarre générale. Une histoire de fou… Ce soir de janvier donc, j'errais sans but et je regardais des gâteaux derrière la vitrine d'une boulangerie.

Deux voyous m'avaient accosté : « Hey ya man, where you from ? » Ma réponse nous avait menés à un petit café tout proche et la discussion s'était poursuivie jusqu'à tard dans la nuit. Amr et Tareq étaient originaires de Boulaq, un quartier pauvre collé au centreville. Rabatteurs d'occasion, ils rendaient aussi parfois service à la petite pègre locale. C'était exactement le mode de vie dont j'avais envie. Dire que ma mère rêvait que j'apprenne l'arabe pour devenir diplomate… On s'était mis d'accord, j'allais aborder des touristes dans la rue, il était plus facile pour moi de gagner leur confiance, ensuite on allait leur proposer une visite des pyramides, un tour de chameau ou n'importe quoi qui rapporte. Les profits devaient être partagés en trois.

Notre manège avait duré un mois. Parfois, le soir, on transportait des bouteilles d'alcool non dédouanées.

Je portais le sac car c'était moins louche face aux policiers, et on ravitaillait différents cabarets. Le jour, on chassait le touriste et, quand on tombait sur un Japonais, c'était comme gagner à la loto, personne ne payait mieux que le Japonais. On fêtait la récolte autour d'une assiette de poulet grillé, et on tuait la nuit à boire du thé et à fumer des Cleopatra. On s'entendait bien, rien ne laissait présager le piège qu'ils m'avaient un jour tendu.

Ce matin-là, brumeux comme d'habitude, alors que je vais rejoindre mes deux affreux, un homme sort de nulle part et se rue violemment sur moi. Avant que je puisse réagir, il m'attrape par le collet et me jette contre un mur. J'ai les omoplates en mille miettes. Sa carrure fait deux fois la mienne, son regard trois fois ma haine, son haleine dix fois ma misère, je n'ai d'autre choix que de l'écouter. « C'est très simple, dit-il, haga bassita giddan, Amr me doit des sous, et s'il me paye pas, c'est toi qui vas régler sa dette, fahem ? T'es son ami non ? On va se revoir », conclut-il, en me montrant ses jointures défoncées et en me rejetant comme une pute.

Il me faut quelques instants pour reprendre mes esprits, j'ai le dos en compote mais je ne le sens pas tellement j'ai mal à l'orgueil. J'en veux à tous ces passants de merde de n'être pas intervenus. Je crache au sol puis je vais retrouver Amr et Tareq. Ils sont là, quelques coins de rue plus loin, à fumer et à harceler les filles qui passent. J'arrive sur eux comme une tempête d'insultes. Ils jouent les innocents, même qu'Amr s'excuse et me promet de régler le problème. J'ai un doute, doit-il vraiment des sous à mon agresseur ou sont-ils de mèche pour me racketter ? Une chose est sûre, je ne veux plus travailler avec eux, mais tant qu'à être là maintenant, je me dis autant faire une dernière passe. Alors, on fait semblant qu'il n'y a rien entre nous, ils font des blagues que je n'arrive pas à trouver drôles, je me masse un peu la colonne et l'orgueil, et on fouille les rues du centre-ville, à la recherche d'un pigeon.

Dans un capharnaüm de klaxons et de musiques discordantes, dans un ramassis de voiles et de têtes brunes ou noires, deux blondes. Deux femelles pigeons ! Je les approche avec tact. Elles sont anglaises, au Caire pour deux jours et veulent visiter les pyramides, tantôt si possible. Mais évidemment ! Je me propose de les accompagner et elles sont trop heureuses d'accepter, me prenant pour une bouée de sauvetage au milieu des sauvages…

Je fais signe aux affreux, qui arrivent comme des amis de longue date qui passaient là par hasard. Je fais les présentations, les filles ont l'air de trouver mes camarades louches mais elles sont toujours partantes. Elles sont contentes d'être avec moi et on s'entasse tous les cinq dans un taxi. Le chauffeur s'engueule tout le long du trajet avec Amr pour le partage du prix que les filles vont payer, plusieurs fois en trop bien sûr. Elles me demandent ce qui se passe. « Rien, leur dis-je, ils parlent de soccer, c'est comme la deuxième religion ici, tsé… »

Devant les pyramides, au lieu d'aller à l'entrée principale, on bifurque sur une route non asphaltée et on s'enfonce à travers le dédale de petites maisons en terre des chameliers. Les filles sont soudainement plus silencieuses. Mes complices, eux, ont pris de l'assurance, ils ne sont plus sur les beaux boulevards du centre-ville, où chaque regard leur rappelle leur condition, ici ils sont chez eux, dans leur trou, ils y sont à l'aise et ils veulent que ça se sache.

On débarque chez le contact d'Amr et on commence à négocier. La technique de vente est toujours la même, on commence par vanter la générosité légendaire des Arabes, preuve à l'appui on offre et réoffre du thé et des dattes, jusqu'à mettre l'invité mal à l'aise, puis on s'excuse de ne pas offrir plus, laissant sous-entendre qu'on est trop pauvre. Deuxième acte, on joue les cons, on demande pourquoi est-ce que les Américains ne nous aiment pas ? Il n'y a pas un seul de ces étudiants routards gauchistes qui ne soit pas un peu ébranlé à ce moment-là. C'est l'heure des confessions : on pleurniche l'histoire d'une mère malade ou d'un petit frère handicapé et, quand on est fort, on travaille l'œil un peu et on fait tomber une larme, mais ça c'est seulement quand on est fort, ou très en forme. On conclut avec un truc pas trop original, genre lever son verre de thé en l'honneur de l'invité, et généreusement on lui offre un superbe sourire.

Après les caresses, la gifle. Les filles sont estomaquées par le prix outrancier qu'on leur demande pour un tour de chameau. Je me sens mal de leur dire que c'est un bon prix, elles comprennent alors que la bouée de sauvetage était trouée... Et puisqu'elles ne sont pas de taille à négocier, comme la plupart des voyageurs non expérimentés, elles se font siphonner les poches.

Deal is done, my friend.

Je prends une monture, Amr embarque avec une Anglaise, Tareq avec l'autre, un chamelier nous guide. Le désert autour s'étend, au loin se dressent les pyramides. Des policiers surarmés se cachent derrière une dune sur deux, parfois il faut leur lâcher un billet. J'entends Amr faire des blagues à Tareq comme quoi son zob frotte les fesses de l'Anglaise. J'avertis les gars de ne rien faire de déplacé, ils rient. Évidemment, dès qu'il n'y a plus de policiers, Amr galope jusqu'à se perdre derrière les dunes. J'entends ensuite la fille crier, je crie à mon tour pour qu'Amr revienne, je le traite de tous les noms et je voudrais les rejoindre mais je n'arrive pas à faire galoper mon chameau, je n'y comprends rien à ces machines-là. Amr revient finalement et la fille avec lui m'implore de changer de chameau…

Les pauvres n'osent même pas me regarder de travers, peut-être de peur que je les laisse tomber, elles doivent se dire que je suis un salaud mais moins que les deux autres. Cette idée me réconforte un peu, je m'y accroche pour moins me mépriser. Le reste de la balade est vite fait, les filles ne font même pas le tour d'une seule pyramide, sans plaisir elles se prennent en photo devant l'une d'elles, elles pourront dire à leurs copines j'y étais, puis elles demandent à rentrer.

On les dépose au centre-ville, elles partent sans dire un mot.

Je suis hors de moi. J'en veux aux affreux d'avoir abusé d'une pigeonne et je leur en veux pour l'agression de ce matin. Je sais qu'eux m'en veulent de n'être pas de leur monde, de jouer les gros bras et de côtoyer leurs bidonvilles un billet d'avion en poche. L'ambiance est électrique. « Allons régler ça autour d'un thé », leur dis-je. Amr me répond qu'ils sont pressés, « partageons la recette maintenant ». Comme ça ? Sur un coin de rue où on est bousculé par la foule ? À cet instant tout devient clair. Ils n'ont pas l'intention de me donner ma part, ils m'ont envoyé le gars ce matin pour me voler et ça risque d'être sanglant dans les prochaines secondes. Je me recule pour voir venir les coups et je les menace d'alerter la police, c'est mon dernier recours. Le gros Tareq se retient de me sauter dessus, je suis en position pour le recevoir, pour recevoir une raclée devrais-je dire, mais Amr, qui craint la police plus que tout, me jette quelques miettes du butin. Je lis dans leurs yeux qu'on ne se reverra plus.

Deal is done, my friend.

Enfin on arrive à l'hôtel. Comme il est bon de déposer sa peau, de se la décrasser sous la douche et d'enfin savourer un vrai café à la petite terrasse d'en face.

Madre de dios, les serveuses sont magnifiques, les haut-parleurs n'envoient que de la bachata, le cappuccino est délicieux.

Deal is done.

Iquitos

Cinq cent mille personnes s'entassent ici comme si c'était l'eldorado, dans la plus grande ville du monde non reliée par une voie terrestre. On n'y entre ou n'en sort que par bateau ou par avion. Il n'y a pas une piste autour qui ne soit bloquée à un certain point par un mur de jungle. J'ai aussi appris, ce matin, que notre bateau avait suivi le même tronçon du fleuve que celui filmé dans *Fitzcarraldo*, un film romançant l'ambition folle d'un baron du XIXᵉ siècle qui voulait bâtir un opéra en pleine jungle, à Iquitos même. La légende derrière le réalisateur, Werner Herzog, est encore plus déroutante. On dit qu'il était fou furieux, que le tournage se déroula dans des conditions catastrophiques, et même qu'à un moment le réalisateur tenta d'assassiner son acteur principal, Klaus Kinski, qui pour sa part était insupportable, en proie à des colères extraordinaires, et qu'il avait fallu le menacer avec une arme pour qu'il joue certaines scènes.

Ma mère était une originale, c'est elle qui m'initiait à ce genre de cinéma, alors que j'étais plutôt jeune. Comme chez nous on n'avait pas la télé, j'étais loin d'être un blasé de l'écran, j'étais complètement happé par les rares films qui me tombaient sous la rétine. Surtout si le scénario incluait drame, guerre, nature hostile et bêtes sauvages. J'avais développé une obsession pour l'Amazonie, si bien que lorsque nous étions en auto, l'auto d'un autre car nous n'en avions pas, chaque fois qu'on croisait une petite rivière brunâtre, je m'écriais : « L'AMAZONE ! » Et je rêvais de conquistador à tête réduite plantée sur des pieux, à l'entrée de notre territoire, mais je rêvais aussi de quand j'allais être grand, de quand j'allais explorer le monde. Ma mère riait, elle était fière de son sauvageon. Plus tard, c'est elle qui allait me pousser à partir, ma mère c'était pas le genre à me garder sous son aile, c'était plus le genre à me pousser en bas du nid. Tant mieux, j'aurai appris à voler et, par la même occasion, j'aurai vu quelques beaux paysages, de Bombay à Iquitos…

La ville a son centre moderne : architecture coloniale, église bien entretenue et militaires omniprésents. Ensuite, il y a le marché de Bellavista, mais il y a surtout celui de Belen, considéré comme l'un des plus grands du monde, et comme très dangereux la nuit, on n'en ressort qu'à poil paraît-il. En tout cas, le jour c'est magnifique, on s'y balade sur des planches de bois reliant entre elles les maisons sur pilotis. Sinon, les touristes viennent surtout à Iquitos pour la jungle, et pour la drogue, également appelée médecine de l'âme, dépendant de l'usage qu'on en fait. Il y a donc ici pas mal de rabatteurs qui poussent en ce sens, ils me laisseront tranquille dans un jour ou deux, quand ils comprendront qu'il n'y a pas un billet à faire avec moi. J'ai toujours préféré me laisser guider par le hasard des rencontres que par des gens payés pour t'emmener là où tout le monde va. Et puis j'aime bien traîner en bas du bloc, tenir le mur comme si c'était le mien, me fondre dans l'ombre du quartier et rigoler avec les chilleurs du coin.

Rick s'en va demain. C'est notre dernière soirée ensemble et c'est dommage, on la passe chacun de son côté. Le bateau ne nous a pas rapprochés, au contraire, on s'est marché sur les nerfs. Il fume des joints à l'hôtel, je me retrouve dans un bar avec un Anglais et un Allemand qui n'ont rien à dire. Et quand ils pensent dire quelque chose, ils ne disent toujours rien. L'un va aller à la plage, l'autre à la montagne, ils en parlent sans émotion. On dirait des jumeaux. Écrasés dans leur chaise comme des invertébrés, leurs épaules voûtées supportent cette tête de saumon dont la nature les a cruellement dotés. Les deux semblent s'apprécier, se partager un quart de paire de couilles, se consoler en regardant l'autre et se dire que de toute façon papa a des sous. Je les quitte avant que ma mélancolie ne me fasse dire des choses qui pourraient les blesser.

Dehors, c'est la fête. Les jupes sont légères et les clochards affamés comme les chiens. Niveau ambiance, Leticia, c'était quand même quelques degrés de moins.

Je croise cinq jeunes ; torse nu, grande gueule, vêtements en lambeaux, l'un d'eux frappe le mur avec une barre de métal. Ils ont l'air de vouloir en découdre. J'accélère le pas, regarde ailleurs, me demande quoi faire s'ils me sautent dessus, et ralentis après les avoir dépassés. Je ne sais pas si on fête ici de cette manière tous les soirs, mais si c'est le cas, on ne doit pas s'ennuyer souvent.

La plupart des passants ont quand même l'air de marcher dans une direction, d'avoir un but, je suis peut-être un peu jaloux, je n'en ai pas. Je sais bien que j'ai des buts qui m'attendent à la maison, mais emporté par l'instant présent, je n'ai rien. Rien que l'asphalte humide sous mes sandales qui ne savent où aller. J'ai attrapé ce que les immigrants appellent le mal du pays. Et je suis bien placé pour savoir que les voyageurs en sont parfois atteints, spécialement quand un compagnon de route précieux, en l'occurrence mon gypsy king préféré, est en train de plier bagages. Ça fait partie du jeu. Je ne cherche pas à fuir mon mal du pays, je cherche à le traverser calmement, comme je traverse ces rues mal éclairées, où l'on ne croise plus que soi-même à travers le reflet d'une vitrine ici ou là. Décor idéal pour un voyage au fond de ma mélancolie.

Quelques taxis éclaboussent le vide. Quelques filles s'évertuent à rentabiliser la nuit. Quelques pas me mènent inévitablement au fleuve. J'y fais connaissance avec la bande de hippies qui squattent la corniche, ils sont cinq ou six, ils ont rangé les babioles qu'ils vendent en journée et paraissent encore plus mélancoliques que moi. Comme l'un d'eux me demande ce que j'ai dans les écouteurs, je leur fais découvrir le mahragan, cette musique des ghettos du Caire, apparue pendant la révolution, et qui a envahi toute l'Égypte depuis. Je leur fais jouer la chanson *Eslam fanta*, pour moi la meilleure du genre. Ils ont l'air d'aimer. Surtout celui qui frissonne comme s'il était en manque de roca, qui tient mon cell dans ses mains pour mieux écouter, qui lorgne un peu trop dessus et qui hésite avant de me le rendre. Je serais mort à l'instant pour le récupérer, il a dû le sentir. Comme pour se justifier, il me jure qu'il adore la musique et qu'il s'appelle Arabi, alors je lui jure que ma mère m'a baptisé Latino, et qu'il peut même m'appeler Fitz-carraldo s'il veut. Nos éclats de rire vont se perdre le long du fleuve. Décor idéal pour l'opéra d'un baron fou, Iquitos.

Le rabatteur

Rick est dans l'avion, j'espérais qu'il le rate, qu'on passe une dernière journée ensemble, qu'au final je le quitte et non le contraire. Sans aucun stress, il est parti de l'hôtel à l'heure de l'embarquement, une heure avant le décollage. C'est sûrement ce que j'aimais le plus chez lui, son attitude no problema. On s'est pris dans nos bras, c'était plus protocolaire que sincère, on ne s'entendait plus comme au début. Nos adieux ont été secs, rapides, il a dévalé les escaliers, interpellé un motocarro, je l'ai regardé du balcon, il ne s'est pas retourné.

Il fait trop chaud pour que je me rendorme. Je me rends au même café qu'hier. Les serveuses me reconnaissent, m'accueillent chaleureusement et savent d'avance ce que je désire, c'est l'avantage de laisser de bons pourboires.

Assis à l'une des terrasses les plus chères de la ville, voire la plus chère, je savoure un cappuccino servi dans un verre et non dans une tasse, une touche de cacao sur le dessus. À ma droite, la serveuse brille sur de hautes sandales blanches, une casquette rouge Ferrari enfoncée sur son regard tropical. À ma gauche, une fillette de quatre-cinq ans examine le crâne de sa mère, en haillons, assise sur le trottoir. La petite trouve un pou, du bout de ses doigts l'enlève et le lance par terre. Elle en cherche un autre, un homme passe devant eux, il se traîne en plein soleil, essayant de vendre des éventails en paille. Il s'arrête à ma hauteur et me dit, avec l'intonation d'une question : « Air conditional natoural ? » Je ne peux m'empêcher de rire, il trouve ça drôle aussi. J'ai les pieds nus posés sur la chaise en face de moi, je chantonne du The Weeknd, mon voisin de table a un pied dans la tombe et des cheveux blancs ligotés en queue de cheval. Il semble désapprouver ma posture. Je soulève mon verre et, dans un geste de je-m'en-foutisme total, je le porte à mes lèvres, célébrant mon excentricité dans ce café se voulant bon genre, fréquenté par de pauvres bourgeois péruviens de campagne et par de vieux Américains à la peau flasque et au profil pédophile.

Je repose mon verre quand un homme se présente à moi ; j'ai l'impression que c'est un ami, que je l'ai déjà vu, c'est un professionnel... Tout semble naturel lorsqu'il s'assoit à la table d'à côté et que, voyant que mon espagnol est un handicap, il passe à l'anglais. C'est un rabatteur qui n'a pas l'air d'en être un, la cinquantaine peut-être, la voix éraillée par l'âge et le tabac, il casse les mots avec une insouciance que j'apprécie tout de suite. En se levant, il me demande s'il peut s'asseoir à ma table ; le temps que je réponde, il est déjà en face de moi. Il converse avec le ton de celui qui a toute la journée pour régler une bonne affaire, mais je n'en suis pas une et j'essaie de le lui faire savoir, non pas pour qu'il s'en aille, mais parce qu'il m'est sympathique, je ne veux pas lui faire perdre son temps.

Il commande un verre d'eau. J'en prends un aussi, cartes sur table, il parle avec un gringo qui boit la flotte locale, il y en a peu et ce sont généralement de mauvaises affaires. Ça le fait bien rigoler et, comme s'il plaisantait encore, il se présente : « Call me Jose. » La tête rongée par la calvitie, le poil qui déborde de la chemise, le pantalon qui tombe pile poil sur le soulier verni ; il doit porter son plus beau costume. Je connais ce phénomène. Des amis au Caire vivaient à quinze dans une pièce. Séparés par un drap en guise de mur, les enfants d'un côté, les parents de l'autre. Un confort moyenâgeux. Pourtant, ils étaient toujours frais, sur leur trente-et-un. Ils prenaient jalousement soin de leur cache-misère. Gare à qui renverserait du thé dessus. En Inde pareil, des sans-abris sapés comme des cartes de mode. Dormant sur le trottoir, un carton pour matelas, ils se douchaient au réveil avec un seau d'eau acheté à un vendeur ambulant, puis ils enfilaient tout l'attirail pour avoir l'air de vrais gentilshommes.

« Tu veux pas faire un tour dans la jungle ? me demande Jose, regardant le bas de mon ventre et ajoutant : Non, tu pourras pas toi, t'es un peu gros, tu vas vite t'essouffler. » J'éclate de rire ; décidément, il est bon vendeur. Victor dans *La Vérité si je mens*. Il enchaîne en me proposant une cérémonie de transcendance de l'âme ; une séance d'ayahuasca.

Par curiosité, je lui pose des questions, alors il me dépeint l'opération complète. La route praticable qu'à moto, la piste ensuite qu'il faut suivre à pied et, quelques heures plus tard, l'arrivée au campement. La jungle sauvage qui l'entoure. Le bruit des bêtes qui rôdent et surtout les nuages de moustiques. La présentation qui va aider le chaman à guider l'initié, l'ouverture d'esprit avec laquelle il faut recevoir les incantations, le liquide noirâtre et consistant qu'il faut boire, son goût amer, dégueulasse, presque rébarbatif. Le corps qui se met à transpirer, les vomissements, souvent même la diarrhée. Les premières visions, l'âme qui voyage à travers l'espace-temps, la rencontre avec son inconscient, la confrontation avec ses peurs, ses tabous, et pour certains, le début d'une nouvelle vie.

Je suis sans mots. Il est heureux, il sait qu'il m'a fait rêver. S'étirant les bras de satisfaction, il tente de me prendre de court : « On est vendredi ? Ça peut marcher ce soir si tu veux, je t'amène là-bas et je reviens te prendre demain, c'est bon ? » J'imagine déjà le sorcier qui, juste avant que le gringo arrive, se peint le torse et se met une feuille devant le zboub. Ce genre d'attrape-blanco, ça marche pas avec moi. Jose ne comprend pas : « T'es là pourquoi alors ? La coke ? Les filles ? » « Non amigo, pour regarder le temps passer. » Il rit, expire ensuite et marmonne que la bonne saison est pour bientôt, le niveau du fleuve va baisser, les touristes vont revenir. Il s'excuse en me serrant la main et me dit qu'il a une grosse famille à nourrir. « Je dois trouver des gringos », conclut-il.

Mon restant de cappuccino est température ambiante, moite. J'en commande un autre, comme un enculé de parvenu qui ne finit pas son assiette. La serveuse ne m'en trouve que plus séduisant. Elle me sert en collant sa cuisse chaude contre mon coude et en plantant lentement son regard dans le mien. La pluie jaillit du ciel ensoleillé. Le tonnerre gronde, l'averse devient torrentielle. Jose, détrempé, revient s'asseoir en courant.

Fils des bidonvilles de Lima, il réussit à passer aux États-Unis en 73, il a dix-neuf ans. Il atterrit chez un oncle où, en attendant mieux, il fait la plonge dans un fast-food de l'East Harlem. Entouré de Portoricains, il essaie quand même d'apprendre l'anglais. Dans le réseau sud-américain de New York, les débouchés ne valent guère mieux qu'au Pérou. La vie y est toutefois plus excitante, il sort beaucoup, la ville est magique, jeunesse triomphe, il rencontre une Dominicaine, elle tombe enceinte. C'est une fille : Carolina. L'effervescence est éphémère. Jose enchaîne les jobines et Manhattan n'est plus Manhattan quand on est bloqué dans le Spanish Harlem, qu'on s'entasse à trois dans une chambre d'hôtel minable, qu'un salaire insuffisant pour soi doit nourrir une famille, et qu'on rêvait de croquer la grosse pomme. Il s'en va. « J'avais vingt-deux ans », tente-t-il de se justifier.

Entre-temps, son père qui travaille dans l'administration a été délocalisé de Lima à Iquitos. Il reçoit une prime d'éloignement, la vie y est moins chère qu'à la capitale, « et il ne nous manque que toi », lui dit sa mère.

Il rentre au pays. C'est l'été 77, quelques voyageurs, surtout des Anglais et des Allemands, parfois des Japonais, découvrent Iquitos. Aucun d'eux ne parle espagnol. Jose a appris l'anglais, c'est comme s'il jouait au poker avec quatre as dans la manche. Ses adversaires ne connaissent pas les prix, ils paient bien et trouvent encore que c'est bon marché. Il devient ami avec les Indiens, les policiers, les dealers, les putes ; tous ceux qui profitent du boom touristique. En quelques années, Jose se transforme en petit prince du commerce local, il se marie, achète une maison, une grande, précise-t-il, et sa femme lui donne six filles.

Malheureusement, le petit prince est vite renvoyé sur terre, une compétition féroce s'est établie avec le temps. Aujourd'hui tout le monde est sur le filon, Jose n'a pas su s'adapter. Au lieu d'investir et d'agrandir son business, il est resté dans la rue à guetter l'étranger comme un chacal. La casa familiale n'est plus si grande maintenant qu'ils sont treize à l'habiter, lui, son épouse, quatre de leurs filles et les sept gamins qu'elles ont eus avec des étalons disparus.

Au moins, un des pères est allemand, il envoie des sous tous les mois. Il vient aussi chaque hiver, il en profite. Le drôle mène une double vie. Il a deux familles, une en Europe, avec ses vrais enfants, dont il s'occupe sûrement bien, et une ici, à qui il envoie quelques pesos, et où il vient une fois par année se vider la bite.

La pluie s'est arrêtée. Jose regarde l'heure sur son cell. Je lui offre finalement un café. Il se lève. « Je dois trouver des gringos », dit-il.

Ma seule amiga

Que la misère porte des talons ou une machette, quand elle te sourit, il lui manque toujours quelques dents. Elle se fout de ta gueule et elle n'est pas la seule : le soleil plaisante avec ton crâne, les chicas taquinent ta virilité, les mouches te chatouillent la sueur. En même temps, ici tout est douceur, insouciance, légèreté d'être et de penser.

Poisson grillé au déjeuner comme au souper, la patrouille se gratte les couilles, les chiens sourient en respirant, les culos vont dans des leggings moulants à faire bander un vieillard, et les junkies à moitié nus font la siesta sur le trottoir. Je fais le tour du hood en traînant des claquettes. L'air est pesant, j'enchaîne les Marlboro, la gorge proteste.

Je tombe sur Carlos, qui a l'air de connaître tout le monde, et chaque fois qu'il salue quelqu'un il me dit en riant : « This guy is crazy. »

On s'est rencontrés hier, il fait partie de l'équipe de bras cassés qui squattent la corniche. Toujours un gramme de ci ou de ça à vendre, il propose aussi la pipe en forme d'anaconda. Petit, trapu, de la tribu des Shipibo, il rentre au village après-demain et m'invite à venir avec lui. « Tu fais quoi ici, de toute façon ? Viens au village, on va pêcher, jouer au soccer, en plus les filles chez moi aiment les hommes avec ta couleur de peau, t'en prends une pour la nuit ou pour la vie, c'est comme tu veux. T'as même pas à payer, t'achètes juste nos billets pour le bateau et de quoi nous nourrir. En plus c'est pas loin, à moins d'une journée sur le fleuve... »

Je suis tenté. Mais comment être sûr qu'il ne va pas me scalper, une fois allumé sur une substance ancestrale ? « Mes parents sont chamanes, on fait de l'ayahuasca tous les soirs si tu veux. Je peux aussi te trouver de la Charlie », chuchote-t-il, main devant la bouche, comme s'il avait la CIA aux fesses. « Écoute amigo, moi je pensais peut-être descendre le fleuve jusqu'à Pucallpa... » « Mais non, désespère-t-il, tu vas t'emmerder, là-bas c'est des... » J'ai pas compris le nom de la tribu, mais je ne me sens pas concerné par leurs querelles datant de l'époque précolombienne. « Allons boire un verre », propose-t-il, me demandant en fait de l'inviter.

Je ne lui dis rien sur moi qui pourrait justifier un kidnapping : « Bof, je fais pas grand-chose, pas marié, pas d'enfants, j'ai pas un rond... » Il n'en dit pas plus sur lui, il finit son verre en cinq minutes. On convient de se rencontrer ce soir sur la corniche, à son spot habituel. Je dois lui donner une réponse, et ce serait simple si je n'étais pas tenté par l'occasion.

J'ai changé de terrasse depuis hier, le service est moins sexy, la chaise moins confortable mais le café meilleur et moins cher. Ma voisine de table est écossaise, elle m'a aussi accosté hier, je suis content de la revoir. Jeune cinquantenaire, maigre et grande, blonde, aux manières très british, elle est belle dans une longue robe d'été de couleur cuivre, mais ses yeux sont tristes. Tristes comme l'allure du chien qu'elle a rescapé de la rue, qui semble être son seul compagnon, et qui dort en laisse sous sa chaise. On parle de tout et de rien. Je sens bien que je lui plais. Ayant été élevé par une mère de type « Ma Dalton », j'ai appris à me tenir et à me comporter avec les dames. Chez moi, valait mieux braquer un dépanneur – sans se faire attraper bien sûr – que d'oublier un merci à table. Je suis donc courtois, même prévenant, lorsque cette gentille bourgeoise me déballe son sac.

Elle travaillait à Londres, avait un boulot plutôt bien, enfin, c'est ce qu'on dit quand on s'offre un loyer qui rivalise avec le loyer des amies. Mariée puis divorcée, sans enfants, donc sans raison valable d'aller s'abrutir au travail, elle a tout plaqué, s'est enfuie à l'autre bout du monde et recherche maintenant un sauve-bonheur, un autre possible. Elle a peut-être raison. Peut-être que les options chez nous sont trop stressantes, peut-être que toutes ces taxes et ces heures auxquelles sortir les poubelles sont des tue-l'amour. Guidée par un chaman qui l'emmène au pays des songes, depuis un an, elle explore différentes voies pour retrouver l'amour de vivre. Le véritable, celui qui nous fait chanter au réveil, pas celui qu'on s'invente pour digérer une routine d'esclave à banquier. Routards déboussolés, on partage ce désir d'affranchissement. Ici, pour un instant, le monde est à nous. Aucun média ne nous vend sa peur, aucune pression sociale ne nous écrase. Et même si ce n'est qu'illusion, on est libres. Certains s'échappent à travers la chamanerie, d'autres à travers les ruines et les montagnes, d'autres à travers les clopes et le cappuccino...

J'arrive quatre heures en retard au rendez-vous avec Carlos. Bien sûr qu'il a décampé, qu'est-ce que je m'imaginais ? Je m'assois avec le reste de la bande, ils ne sont plus que deux à cette heure, et ils font grave pitié avec leur tronche de basura pleine d'ayahuasca. Le petit côté cool qu'il leur reste, bientôt la drogue le leur enlèvera. Bientôt, eux aussi feront la siesta à moitié nus au milieu du hood.

Je rentre à l'hôtel, personne. Les derniers pensionnaires sont partis il y a quelques jours. Il n'y a même pas un employé qui travaille ici. Quant au proprio, il est comme la pluie, tous les jours il se laisse désirer. Parfois il vient faire son tour, mais généralement ce sont les clients déjà présents qui accueillent les nouveaux venus. L'entreprise roule toute seule, le patron compte les billets quand il passe, les gringos ont leur propre clé.

J'aimerais bien voir Rick débouler dans le cadre de porte, ébouriffé, heureux comme un con, mais non, ça n'arrivera pas. Je suis seul avec la nuit, ma seule amiga.

Los Tabarnacos

Des coups insistants sur la porte de l'hôtel ont raison de mon sommeil. Je prends du temps pour réagir et les gringos sont déjà dans la rue quand je les aperçois du balcon. Ils s'en vont, c'est pas vrai, je vais rester seul. « Yoooo ! Hey, come back, it's open ! »

Ils arrivent en haut des escaliers avec leurs gros pack sacs et leurs têtes amochées par les heures d'une route trop longue. Je les accueille comme si j'étais le tenancier – je fais tout ici, manquerait plus que je lave le plancher –, je leur vante un peu l'établissement et leur assure que le proprio devrait arriver bientôt. « So make yourself at home, guys », et je me cherche un t-shirt avant d'aller prendre ma douche. « Osti qui fa chaud man », dit l'un à l'autre, avec toute la douceur de la langue de chez nous. Des compatriotes ! Deux belles têtes de bûcherons ! Comment n'ai-je pas deviné plus tôt qu'ils étaient de chez nous ? L'épaule vaillante, le front simple et le parler poétique, de vrais Québécois ! Alors pour exprimer toute la joie qu'on a de se rencontrer, comme l'auraient fait nos grands-pères en pareille occasion, on énumère sur le ton de l'étonnement tout ce qu'on peut trouver dans une église.

Un violon aurait traîné dans la pièce qu'on aurait gigué autour. Un blond et un brun, ils arrivent tout juste de Yurimaguas. En fait, leur bateau a accosté cette nuit, mais pour économiser une chambre ils ont dormi à bord. Et ils ont à peine posé pied à terre qu'ils évaluent les moyens d'explorer la jungle, aujourd'hui même si possible. Cabron, des sportifs ! La gourde pendant du sac, la boussole incrustée dans le manche du canif, j'aurais dû m'en douter. Je leur parle de Carlos et des options tranquillos que semble offrir son village. Ils veulent un guide. « Pas un tout croche là, un gars qui connaît l'nom des arbres pis toute. T'es-tu down ? » Le blond est planteur d'arbres, le brun, prof de taekwondo. Ça a beau les impressionner que je sois rappeur, je ne marcherai pas douze heures par jour. Je leur promets d'y penser et sors faire un tour.

Je fouille le secteur à la recherche de Carlos, le paresseux doit encore dormir Dieu sait où. Je croise Jose le rabatteur, il a des bandages tout autour de la calvitie et il ment s'être cogné quelque part. Je crois plutôt qu'il s'est fait tabasser. Je l'invite pour un café, il est pressé me répond-il, tout en boitant rapidement vers son destin.

Je passe par la corniche et ils sont là comme tous les jours, l'éternelle bande de rêveurs et glandeurs d'Iquitos. L'un joue de la guitare, un autre chante, le reste discute autour de planches en bois couvertes de bijoux. Nos regards se croisent, elle est appuyée mains au sol, pieds au ciel, talons au mur. Par une drôle de pirouette, elle retombe sur ses pattes et avance vers moi. Au-dessus d'un pantalon de style hippie, un tatoo tribal fait sourire son ventre d'une hanche à l'autre, et un haut de maillot aux couleurs de Pink Floyd couvre ses seins presque inexistants. Elle me demande une cigarette. Je la dévisage. Elle est insolente et me prend sûrement pour un de ces routards en manque. J'ai un paquet plein dans mes poches et un vide dans les mains, que je m'apprêtais à jeter. Elle le fixe, je l'ouvre. Vide. De magicienne, elle passe à spectatrice. Elle lâche un « ok » voulant dire tu fais chier, et alors moi, tel un seigneur, je sors le paquet neuf de ma poche. Elle sourit à pleines dents. Elle a perdu toute son arrogance. Je n'ai aucun problème à partager, seulement je n'aime pas qu'on me prenne pour un trop bon trop con. Je l'allume en protégeant l'allumette au creux de ma main, l'air est venteux. Elle vient d'Arequipa, s'appelle Andrea et semble perdue comme les punks du métro Berri. Je ne lui demande pas ce qu'elle fait, je sais qu'elle se cherche, et que, comme moi, elle regarde le temps qui passe. Pour un moment, on le regarde ensemble, assis dans les marches d'un bar qui ouvrira dans quelques heures.

Aucune trace de Carlos, tant pis. Je retrouve Los Tabarnacos à deux portes de l'hôtel, à l'ombre d'un arbre gigantesque, ils discutent avec un rabatteur : Pedro. L'homme connaît bien son métier : des arguments longtemps marinés, un pitch de vente grillé à la perfection, j'en ai vite l'eau à la bouche. Mes compatriotes, eux, ne tiennent plus en place, ils veulent partir immédiatement. On s'entend sur trois jours de randonnée pour environ cent dollars, bottes de caoutchouc et bouffe incluses. Départ demain matin, première heure.

Les bûcherons ont plein de choses à régler avant, je reste donc avec Pedro qui m'invite pour une bière. Mais de une à deux, puis de quatre à huit, ça descend vite, ça détend toute la machinerie et ça déconnecte du poste de contrôle. Propulsé en orbite autour du centre-ville, on finit par atterrir à Bellavista. La nuit, c'est magnifique, la vie y est tellement précaire qu'on la sent jouir de chaque instant. Moteurs déchirant l'air, musique sensuelle et rires alcoolisés battent la mesure. « Il y a mon restaurant préféré ici », me postillonne Pedro à l'oreille. Une fois à table, je comprends pourquoi ; il flirte avec une serveuse à coups de tapes sur les fesses, puis il frime avec toutes les autres, commandant ceci et cela. En entrée déjà, œufs de tortue et de poisson, servis avec yuca et sauce noix de coco. Impossible de lui faire plaisir, j'arrive pas à finir l'assiette, il est surpris, c'est son plat favori. On éponge le reste de la soirée au Pardo, un énorme hangar qui sert de bar, et où les motos stationnent directement à l'intérieur. Band live et danseuses enflamment l'ambiance.

C'est pas l'idéal, mais c'est ainsi qu'on se prépare à affronter la jungle. Et si je suis un chouïa naïf, Pedro, lui, c'est un malin. En sortant du club, il m'annonce

qu'il ne se sent pas bien, « puta de huevo de tortuga »,
et que dans ces conditions il devra peut-être se faire
remplacer demain par un ami. Quel mytho… Je sais
déjà qu'il ne sera pas au rendez-vous.

Au pays des mille rivières

Réveil à 7 heures, on déjeune et on s'entasse dans un taxi. Déjà la journée s'annonce chaude, on roule toutes fenêtres ouvertes. .

Évidemment, Pedro n'est pas là, on est avec un de ses amis : Hainer. Il est cool. Il y a aussi un autre gringo qui fait le tour avec nous, mais lui, il est dans un second taxi, en compagnie de cinq blédards au profil d'égorgeurs de poules. L'épaule écrasée contre une portière, le blanco n'en mène pas large. Et comme nos deux chauffeurs jouent à qui va le plus vite, et qu'au détour d'une courbe l'un dépasse l'autre, je jette au blanco de petits regards amusés. Il a une de ces tronches, c'est incroyable. On termine la course au bout de la route, à Nauta, un petit port boueux où on achète des imperméables. Hainer prend des vivres et on l'aide à les parquer dans la pirogue. Le soleil nous fouette, on se planque sous le toit en chaume de la pirogue, un homme défait la corde qui nous retenait au rivage et on embrasse le fleuve.

J'avais oublié l'effet qu'il fait. Je ne parle plus tellement l'instant est beau ; le petit bruit du moteur qui nous suit, la brise qui nous force à plisser les yeux, et sur la rive, les arbres explosés comme des feux d'artifice figés. Devant nous, l'infinie liberté. Chaque vague me masse l'esprit d'une main de Turc et la plénitude m'envahit. J'aurais pu rester des heures dans cet état si j'avais été seul.

Mes amigos sont déjà sur la cerveza. Ils discutent avec l'autre blanco à la tronche incroyable. En fait, c'est lui qui parle, d'un village où il a vécu en compagnie d'adeptes de Black Jesus ; un prophète brésilien prônant l'ayahuasca et l'amour libre, entre autres moyens de plaire à Dieu. Je ricane dans ma barbe. Avec cette tête, il n'a pas dû souvent goûter à l'amour libre. D'ailleurs, il ne parle que d'ayahuasca et de grenouilles qu'on écartèle au soleil pour en récolter la sueur, fortement hallucinogène. Il raconte fumer « la liane des esprits » et non la boire, et, pour en mimer l'effet, il prend une puff imaginaire, roule des yeux, jette les bras au ciel (quel acteur) puis, en râlant du fond de la gorge comme s'il jouissait, ou comme s'il avait été touché par une balle, il s'effondre de tout son long dans la pirogue.

Hollandais, grand et roux, le pied usé à la corde et l'œil bleu mer ; tout en lui rappelle la mode « marine marchande XVIIᵉ siècle ». Il porte même, derrière le poste de commandement, une petite queue de cheval rousse. La version néerlandaise de Tournesol Magique, je l'appelle Champignon et ça amuse beaucoup mes deux bûcherons. Mais le pauvre parle français et ne semble pas apprécier le sobriquet. Quoi ? Qu'est-ce t'as dit, enculé ? n'ose-t-il pas dire, préférant serrer la mâchoire et me fixer comme s'il allait me manger. J'éclate de rire. Un clown, voilà ce qu'il est. Il est aussi bon joueur, a-t-il vraiment le choix, il me sourit et décide de faire comme si de rien n'était. De toute façon, Champignon, c'est pas bien méchant, et on a déjà tous un surnom, le mien est pire. J'ai surnommé le blond Pablo, en référence à el padrino, mais il n'a pas dû comprendre que c'était affectueux de ma part, il a décidé de m'appeler le paresseux, en référence au singe. Hainer a immédiatement approuvé, s'esclaffant que ça m'allait bien. J'avais jamais remarqué.

On sort des grandes allées fluviales et on s'enfonce dans des affluents de plus en plus étroits. On arrive à un cul-de-sac, un arbre géant s'est effondré en travers du rio. Ça arrive souvent, nous rassure Hainer. Il fait demi-tour et prend un autre chemin. L'après-midi tire à sa fin lorsqu'on arrive au campement.

Au lodge, comme l'appellent les guides pour lui donner un air « chic retraite britannique ». La bonne blague, déjà la baraque tombe en ruines, ce qui n'est pas un problème quand on aime les ambiances roots, mais la nature autour est salopée par toutes sortes de déchets et l'eau devant est bleutée de mazout stagnant. Sans réfléchir, je me mets à engueuler Hainer avec la fougue d'un chauffeur de taxi parisien, égyptien même. Comme il ne me répond pas, je m'énerve encore plus et j'échappe le mot « sauvage ». Les Québécois tentent de s'interposer, je le répète, salir un endroit comme ça, c'est un agissement de sauvages! Hainer ne se défend pas plus, il est là devant moi, comme s'il était ailleurs. Je me demande si sa réaction est culturelle, peut-être qu'ici les gens n'ont pas l'habitude de s'engueuler. Peut-être suis-je dans le rôle du colon que l'indigène n'ose contredire? Je refuse que ça soit ça, qu'il défende son honneur, qu'on se batte au pire, ce gars peut m'enterrer derrière la baraque avec une seule main. Mais son immobilisme, son pacifisme peut-être, j'ose espérer que c'est ça, fait que je me sens soudainement con. Alors je m'excuse, tout bêtement. Et comme je ne sais pas quoi ajouter, mais que j'aimerais qu'Hainer sente que j'ai besoin de lui, je demande s'il est dangereux de se baigner ici. Il est heureux de m'annoncer que c'est justement fait pour ça! Je me jette immédiatement à l'eau, puis, entre deux-trois gallons d'essence vide, je nage jusqu'au centre du rio. Les bûcherons viennent me rejoindre, on s'invente des caïmans qui nous attaquent en s'arrosant comme des enfants.

Riz au poulet pour souper. « Allez les hommes, dit Hainer, en me regardant d'un œil moqueur, et en me faisant comprendre que le chauffeur de taxi parisien va morfler dur, habillez-vous, on va marcher. »

La nuit est totale. Hainer ouvre le passage, flashlight au front, machette à la main. Los Tabarnacos le suivent de près. Ils ont des vêtements adaptés à la situation, même une casquette avec moustiquaire intégrée. Je suis dernier de file, j'ai un jeans et un imperméable noir, exactement ce que le guide m'avait déconseillé. Je n'y ai pas cru à ces histoires de couleurs foncées qui attirent les moustiques, maintenant je me fais dévorer comme une merde. J'avance à tâtons, presque en aveugle, la lumière d'Hainer paraît tellement loin. Parfois, je me fie aux voix des autres pour m'orienter. Si je me perds ce soir, je ne verrai pas demain, c'est tout ce que je sais. Le terrain est traître, glissant, il ne faut pas s'agripper aux branches, certaines ont des pics tranchants, d'autres sont toxiques ou abritent le diable sait quelle bête. Crapauds venimeux, scorpions noirs, salamandres, mygales errantes, mille-pattes, Hainer nous éclaire la mort au moins une fois la minute.

Bordel, je suis de retour dans *The Mission*, dans *Fitzcarraldo*, dans la mouise jusqu'aux rêves. Je dois doubler le frère Champignon, que ce soit lui et non moi qui ferme notre file indienne. Mais que fait-il avec nous, ce clown ? Il n'est pas venu observer la nature, il cherche un chaman. Un chaman super réputé, enfin, c'est ce qu'on lui a dit dans la communauté où il vivait au Brésil, pourtant, ici, personne n'en a entendu parler. Même qu'aujourd'hui on s'est arrêtés dans un village, et qu'il a demandé à tout le monde s'ils le connaissaient... T'es con ou quoi ? Tu t'es cru dans un film ou quoi ? Tu vois pas qu'on t'a posé un lapin, que tes copains brésiliens ont trouvé n'importe quel prétexte bidon pour que tu partes de chez eux ? Ça suffit. Marche derrière moi, et FERME-LA ! Cabron, je deviens fou moi dans cette jungle... On en a pour trois jours à marcher comme ça ? Elle est où, Pocahontas ?

S'il est pénible d'avancer, il l'est encore plus de s'arrêter, tant les moustiques sont agressifs. Pour s'en protéger, on pose la main sur une termitière qu'Hainer ouvre à coups de machette. Une fois la main pleine de termites, on les écrase en se frottant les mains puis on s'enduit le visage avec les résidus. Avec la sueur qui nous pleut dessus, c'est constamment à refaire. Et en fait ça sert à rien, capuchon sur la tête, mains dans les manches, je me fais darder à travers l'imperméable. Je rentrerai le dos plein de morsures de ces mini-Dracula ailés.

On arrive au lodge trempés comme si on avait traversé l'orage, fiers comme si on avait vaincu l'enfer. Chacun s'effondre sur son lit. Champignon, resté près du fleuve, chante des psaumes à la gloire de Black Jesus. Les bruits de la jungle l'accompagnent. À part une tarentule qui se balade à quelques centimètres de moi, je me demande si j'ai d'autres amigas dans l'obscurité ? La question me réveille plusieurs fois au cours de la nuit.

Hainer

«La jungle est sacrée et, comme les voies du Seigneur, elle est impénétrable.» (Proverbe de mes couilles)

J'ai encore rêvé à la tarentule cette nuit, ça va faire trois jours qu'on est colocs dans cette cabane de bois humide, au plancher troué et à la moustiquaire déchirée. La bête dort à environ trente centimètres de moi, de l'autre côté d'un matelas collé au mien. C'est en entrant pour la première fois dans le lodge que je l'ai vue. J'ai appelé Hainer à la rescousse, certain qu'il m'en débarrasserait, mais il a rigolé en la voyant. «Es una tarentula, m'a-t-il dit, comme si c'était une poussière. Elle chasse les moustiques pour toi, OK? Si elle te mord tu meurs pas, t'es juste soûl quelques heures, it's like free beer, don't worry OK?»

Hainer, c'est le patron, donc on fait comme il dit. Né dans la jungle à une journée d'Iquitos, de la tribu des Jivaros, il est guide pour routards en manque de sensations fortes depuis neuf ans. La bedaine gros buveur de bière, le bras Mohamed Ali et le regard vif, il sourit constamment. Et chaque fois, il expose cet anneau en métal qui lui décore une dent frontale. J'adore son style. Il aime nous effrayer et nous raconter des histoires, dans lesquelles le gringo fait figure de con dans un dîner où il s'est lui-même invité, à savoir l'Amazonie.

Vu que j'ai toujours mon maillot de la Colombie, il me raconte aussi les frictions qu'il y a eu à Iquitos, il y a quelques années, avec les Colombiens. « Ils arrivaient de Bogotá, Cali, Medellín ; pour eux on était un marché facile. Ça a vite basculé en fusillades un peu partout dans les rues, même dans les discothèques. » Et comme s'il voulait donner plus de force à son récit, les « paw paw » et les « tiou tiou » pétaradent de sa bouche souriante. « Mais tout ça c'est fini maintenant », dit-il, me faisant signe de lui redonner une cigarette, et puisque je lui redemande des détails, il me fait sentir qu'il trouve bien naïve mon excitation pour ce genre de récits, alors que c'est lui-même qui m'a allumé !

« Il y avait un gringo israélien comme toi, t'es israélien non ? » « Euh, non. » « Mais t'es juif ? » « Non amigo. » « Mais ta famille ? » « Euh… » Je vais pas lui raconter ma vie non plus, et de toute façon il m'aura quand même dit shalom chaque matin…

« Le gringo israélien était comme toi, excité par toutes les histoires de narcos et de cartels qui minent la région, il voulait aussi explorer la jungle sans guide. Les Israéliens c'est les plus loco des gringos, ils arrivent du service militaire et ils s'imaginent invincibles. On lui a tous dit de pas partir seul, il s'en foutait.

Il s'est acheté une pirogue, quelques vivres, il est parti. Le jour même, des indigènes l'ont retrouvé, un peu avant le coucher du soleil, il baignait dans son sang. À quelques mètres de sa pirogue, abandonnée sur la rive, un fer de lance l'avait mordu. À moins de connaître les plantes qui peuvent retarder le venin, le temps de se rendre à l'hôpital, on ne s'en sort pas. On saigne de tous ses orifices et en moins d'une heure on est aveugle, trente minutes plus tard on meurt. L'Amazonie, mon ami, c'est pas une blague… »

Hainer vient d'un monde où les tamtams avaient une meilleure portée que les textos. C'était une autre musique, une musique dont nous serons bientôt nostalgiques. N'en déplaise à la légende populaire, l'Amazonie ne résistera pas et n'a jamais résisté au conquistador. Elle lui a bien bouffé le cul quelques fois, mais en échange elle lui cède vingt mille kilomètres carrés par année. On dit qu'elle aura renoncé à la moitié de son étendue d'ici quinze ans. On dit aussi qu'à une certaine époque, les tribus côtières ont poussé le conquistador à s'enfoncer dans la jungle, croyant qu'elle s'occuperait bien de lui. Force est d'admettre que c'est lui qui s'est bien occupé d'elle.

« Un jour mon père m'a dit qu'il fallait apprendre l'anglais et devenir guide touristique. Puis il m'a inscrit dans une école, à Nauta, le petit port au sud d'Iquitos. Je n'étais jamais sorti de mon village, de ma forêt, j'étais un peu nerveux mais je mesurais ma chance. J'étais l'enfant choyé de la famille, celui qu'on envoie à l'école, pour qu'un jour il ramène aux siens confort et babioles de modernité. J'allais gagner des putains de dollars. Personne chez nous gagnait des putains de dollars. Aurais-je pu espérer un meilleur destin? Comme tous les jeunes, je rêvais de mettre les voiles, d'embrasser l'inconnu et d'empoigner l'aventure par la taille. Fallait-il avoir faim, fallait-il avoir froid, qu'est-ce qu'on s'en foutait. La route était toujours plus confortable que le toit. Et voilà qu'on m'envoyait à l'autre bout du monde, apprendre une langue, danser la vie, et gagner des putains de dollars.

Tu connais les hommes, ils sont jaloux. Certains de nos voisins s'opposaient à mon voyage. "Il va ramener des gringos sur nos terres, disaient-ils, et ils vont nous voler!" Mon père les traitait de sauvages obscurantistes puis, le soir venu, il me jurait que l'avenir lui donnerait raison, qu'on ne sauverait pas nos terres en s'enfermant dedans, qu'il fallait s'ouvrir au monde et que j'allais devenir quelqu'un.

Je devais avoir seize ans quand il a attaché notre pirogue au port de Nauta. Ce fut un choc. Tout allait si vite, surtout les motocarros qui me semblaient surgir de nulle part. C'était la première fois que j'entendais le bruit d'un moteur. J'étais tellement paniqué qu'au début, en traversant les rues, je courais par peur de me faire écraser...

Je m'y suis vite habitué. On a défriché un terrain en bordure de la ville, loin des émotions changeantes du fleuve, et on y a bâti une habitation. En bois et en feuilles de palme tressées, comme au village. J'ai étudié l'anglais pendant trois ans, souvent nostalgique, parfois accompagné d'une jolie chica. Mon père m'amenait des fruits et des poissons une fois par semaine. Il serait venu plus souvent, mais notre village c'était pas la casa d'à côté. À cette époque nos pirogues n'étaient même pas motorisées, il devait donc pagayer douze heures à l'aller, et vingt au retour. Remonter un courant, c'était pas comme le descendre…

Grâce à son sacrifice, j'ai plus qu'empoigné l'aventure par la taille, je lui ai passé la bague, elle m'a comblé et je lui suis resté fidèle. D'ailleurs, je vis toujours à Nauta, dans cette petite maison de mon adolescence. Et puisqu'on rentre ce soir, si t'es chaud, viens souper. Je te présenterai ma femme et ma fille, enfin, une de mes filles, parce qu'avant j'en ai eu trois, avec trois femmes différentes ! Tu sais comment on est, nous, les fils de la jungle, on abandonne jamais la chasse ! Tu me redonnes une cigarette, loco ? »

Ce soir, Iquitos. Il ne reste qu'un lit dans notre dortoir, mes compatriotes vont dans celui des cages à poules. Ils prennent l'avion tôt demain. C'est pas l'envie qui nous manquait de fêter notre dernière soirée, mais la jungle nous a épuisés. Je ferme les yeux et tout tourne autour de moi, les arbres, les dauphins, les piranhas qu'on a pêchés, le caïman qu'Hainer a attrapé en

pleine nuit, en se jetant à l'eau pour nous impressionner, et les villages indigènes, déroutants, accueil-
lants. Ça tourne tellement, j'ai peur que l'Amazonie
m'ait laissé un souvenir empoisonné.

Le regard

Il y a des manifestations dans la rue. J'apprendrai tantôt que c'est pour la conservation de la forêt. Pour l'instant, des colonnes de policiers antiémeutes passent devant mon café, l'arme amusée et le sourire sadique. Je n'ai pas écrit depuis quelques jours parce qu'en revenant de la jungle j'ai eu un coup de chaleur, je ne savais même pas que ça pouvait exister. Je me suis senti comme sur une pirogue barouettée par les vagues pendant deux jours.

J'allais mieux ce matin quand j'ai rencontré ce gringo, qui avait l'air, comme tous les autres, d'un banal backpacker. Je lui ai demandé depuis combien de temps il était à Iquitos et il m'a dit huit mois. « Wow ! Tu fais quoi depuis tout ce temps ? » « Ayahuasca », m'a-t-il répondu le plus normalement du monde. J'ai éclaté de rire. Je me suis dit ce connard se gèle ici depuis huit mois, faut quand même le faire. Au même moment, j'ai vu son regard changer, radicalement, comme si je l'avais insulté.

Mais il n'y avait pas que ça, quelque chose se concentrait dans ses pupilles, quelque chose d'anormal, son regard devenait venimeux, inhumain. Je crus voir mon sang refléter dans son iris. La peur me prit à la gorge. Je savais qu'il me sentait, je ne pouvais plus bluffer la bravoure. Perdant toute rationalité, je sentis son regard me pénétrer. Comme s'il faisait abstraction de mon corps et qu'il me reluquait l'âme. Je me suis dit, c'est un sorcier, ce fils de pute me jette un sort.

Dans ma tête se mit à danser l'Amazonie des fièvres, des âmes en transe et des légendes portées par les tam-tams. L'Amazonie des rites chamaniques, des esprits et de la sorcellerie.

Et si l'homme en face de moi n'était pas qu'un homme, qu'il était aussi la plante ? Oui, se pouvait-il que la plante parle à travers lui ? Je nageais en plein délire. Je savais que les gens qui consomment l'aya-huasca parlent d'une rencontre avec la plante, ils disent qu'elle a une âme. Certains disent même qu'elle permet la télépathie.

Nous étions au bord du fleuve sur la corniche, une légère brise nous caressait la nuque, je ne me souviens plus si c'est moi ou si c'est lui qui est parti, je sais qu'on s'est salué. J'étais tout à l'envers. Je me suis demandé si c'était lui qui m'avait parlé, à travers je ne sais quelles ondes, ou si c'était autre chose. Comme un con, j'ai regardé la jungle s'étendant de l'autre côté du fleuve à l'infini. À cet instant, il m'a semblé croire en Dieu, du moins en avoir peur.

Demain, je reverrai le sourire de Leticia. Dansante, libre et sauvage, quelque part le long du fleuve, elle m'attend. Billet de retour en main, j'ai cru entendre rire le temps qui passe.

J'ai dormi seul avec la lumière allumée, l'obscurité me semblait trop mystique.

Le blues du Middle East

Du plafond, il pleut une petite musique. Cette mélodie d'ascenseur ne comble pas le vide qui règne sur l'aéroport d'Iquitos. Questionné dans tous les sens et fouillé de la même manière par la policia antidrogua, l'enregistrement prend des allures disproportionnées. On m'envoie dans une pièce.

J'offre au fonctionnaire présent, qui est aussi poilu que médaillé, un buenas dias cordial et bien élevé. Silence en guise de réponse. Épaulettes gold et casquette mussolinienne, l'homme qui ne me regarde pas s'assure d'établir le rapport entre nous. Quand il n'y a plus le moindre quiproquo sur qui domine qui, il prend mon passeport. D'entre les pages s'échappe une petite feuille qui termine sa chute sur le bureau du Duce. Avec un dédain théâtral, comme s'il vomissait chaque syllabe, il me demande : « Qu'est-ce que c'est que ça ? » « C'est un papier qu'on m'a donné à mon entrée au Pérou, les douaniers m'ont dit de le conserver, alors voilà… » Il reste immobile un instant, comme s'il hésitait : on le pend ou on le fusille ? Puis il étampe mes documents, l'air de dire je te laisse une chance, sauve-toi avant que je change d'idée...

Merci gros lard ! Si on accordait une palme au métier où il y a les pires cons, douanier rivaliserait férocement. Et si on divisait ces cons par nationalité, les Américains seraient imbattables, quoique les Syriens, je les avais trouvés pas mal non plus. Avec moi, ils avaient été corrects, mais intraitables avec mon camarade de route.

Un Palestinien. Autant dire un indésirable.

Je l'avais rencontré en février 2001, dans une petite halte d'autocars en Jordanie. On était tous les deux dans la jeune vingtaine et on attendait le même autobus pour Damas. Il s'appelait Ragheb, comme un chanteur connu de la région. Mais rien à voir avec l'image qu'on a du réfugié lambda, il avait les papiers jordaniens, les cheveux gominés et la nuque parfumée comme Beyrouth un samedi soir. Moi, j'empestais la montagne où j'avais dormi la veille, dans l'abri d'un garde forestier. Je n'avais pas connu de lit depuis trois nuits, j'étais cassé comme un clou et je traversais la région dans des conditions Robinson Crusoé. J'espérais trouver un travail à Damas. Ragheb avait dû sentir ma fringale et il m'avait offert la moitié de son snack : la moitié d'un Pepsi et d'une barre Mars. Le genre de geste qui crée des liens dans un bled paumé sans restaurant, sans rien à boire et balayé par le sable sec.

À cette époque, pour moi, être palestinien, c'était le top du romantisme. Roche contre tank sonnait comme un superbe riff de Metallica dans ma tête de jeune idéaliste. On s'est assis au fond du bus, j'avais mille questions pour lui. Ainsi, des heures durant, il me peignit le drame, les larmes et la beauté de son village cisjordanien. Il s'y était rendu pour la première fois il y avait peu, à la suite d'une amnistie. Et comme je m'inquiétais qu'il ne puisse rentrer en Syrie après être allé en Israël, il m'assura que cette loi ne le concernait pas, qu'elle s'appliquait seulement aux étrangers, qu'elle avait été créée pour servir les intérêts des Palestiniens… J'étais surpris par son optimisme.

Le poste frontière détonnait dans cette nature dépeuplée. Placardé d'images d'Assad et tenu par quelques hommes en kalachnikovs, l'endroit était calme et silencieux. On n'y entendait que le souffle du désert et le claquement des drapeaux. C'était bien avant la guerre, bien avant Daesh.

Il y avait une file pour les Syriens, une pour les Arabes, une pour les autres. Seul dans ma file, j'entendis le tampon israélien dans le passeport de mon ami faire grand bruit. Autour de lui les militaires s'attroupaient. « T'es allé en Israël ??? Poubelle ! Fils de chien ! Traître !!! » J'étais choqué, même si leur réaction était prévisible. Je me suis demandé s'ils se sentaient obligés d'en faire autant ou s'ils prenaient juste plaisir à écraser une proie facile. C'était peut-être un peu des deux. Le regard de Ragheb s'est tourné vers moi, j'ai cru qu'il allait pleurer. J'ai senti qu'il avait honte, non pas de lui, mais de ses soi-disant frères…

De retour dans l'autobus, je n'étais plus seulement un touriste un peu bizarre, un peu Robinson, j'étais l'ami du traître, et comme dans les films, ici, les traîtres et leurs copains se rendent rarement jusqu'au générique... Je m'en foutais, sous les regards méfiants, j'allai poser mon cul au fond du bus. Et si je n'avais pas senti Ragheb si humilié, ils auraient pu me faire rire, ces « pères la morale » qui prêchent un concept au détriment de gens qu'ils prétendent défendre. J'ai toujours préféré les petits individus aux grands idéaux.

On reprit la route et j'allumai mélancoliquement une clope. J'étais surpris par les pancartes routières écrites en français, datant du mandat colonial. J'étais rêveur, dans ma bulle, quand un grand moustachu en jalabeyya vint me dire que fumer était interdit. « La Syrie c'est pas la Jordanie », avait-il claironné sur le ton d'une certitude divine. Puis, sans vraiment me laisser le choix, il m'invita à m'asseoir avec lui et son groupe. J'éteignis mes rêves et le suivis. Ils étaient trois – avec l'air de bien s'amuser entre eux la nuit –, assis autour de ce qui devait être leur guide spirituel : un barbu au front religieusement bossu. Souriant et se balançant d'avant en arrière sur son siège, comme s'il priait en permanence, il m'expliqua qu'être chrétien en Syrie était interdit. Je jouais les cons. « Ah bon ? Ça en fait, des interdits... » « Donc, va falloir te convertir. » « Oui bien sûr, j'y pensais, d'ailleurs j'ai un ami qui m'attend à Damas, je pense qu'il va pouvoir m'aider dans cette démarche. »

J'avais inventé cette histoire pour qu'ils me laissent tranquille, même si j'avais vraiment un ami à Damas, seulement on n'était plus en contact. C'était un Saoudien, qui s'appelait Samir et avec qui j'avais habité pendant mes premiers mois au Caire. On partageait un appartement trois chambres, Samir et moi avions chacun la nôtre, quelques Soudanais squattaient la troisième. C'est Samir qui m'avait tout appris au début, premièrement le prix des choses, ensuite les insultes et les formules de politesse ; et Dieu sait qu'elles sont nombreuses. Sinon on n'a jamais vraiment parlé de religion. Tout ça pour dire que si j'avais voulu me convertir, c'est pas vers lui que je me serais tourné. Il buvait beaucoup, presque tous les soirs, et souvent il finissait la nuit au bordel. J'avais pris du temps à le comprendre, mais quand il se préparait à sortir le soir, il discutait longuement au téléphone et commandait les filles qu'il désirait : grande, blonde, petite, brune, ça dépendait de l'inspiration. Et s'il priait tous les matins — d'ailleurs j'adorais l'entendre prier, c'était d'une beauté à vous convertir —, il fréquentait la mosquée que le vendredi, seul jour de la semaine où il s'habillait comme un Saoudien. Les autres jours, il portait baskets blanches, jeans et t-shirt blanc ; et dans la rue, il imitait l'accent libanais. Il trouvait que c'était plus cool d'être libanais, et aussi que ça coûtait moins cher au marché. Bref, lui aussi était une sorte de réfugié, il m'avait raconté ne plus pouvoir rentrer en Arabie Saoudite. « Ils vont me décapiter si je retourne là-bas », disait-il en riant. Il me manquait ce con, je songeais à faire le tour de tous les bordels de Damas pour le retrouver.

Mon excuse de l'ami n'avait pas découragé mes « recruteurs ». Ils insistaient pour m'emmener dans leur village où ils m'apprendraient, selon eux, la vraie religion. J'étais presque insulté qu'ils s'imaginent avoir une chance de m'enrôler. Avais-je l'air naïf à ce point ? J'avais une fascination pour les moudjahidin mais j'aurais voulu en rencontrer des vrais, en fait, des comme je me les imaginais : défendant leurs terres, portant leurs valeurs comme leurs armes en bandoulière, prenant aux riches à la Robin des bois et rendant l'âme à la Che Guevara. Là, on était plus proche du petit délinquant qui braque la veuve et l'orphelin. Et pour des religieux, ils avaient l'air plutôt open, l'un d'eux avait attrapé le cordon qui pendait de mon jogging, comme si c'était mon zob, et il s'était mis à jouer avec, j'avais dû tirer violemment dessus pour le récupérer…

Je fus libéré de leur mauvaise compagnie lorsque l'autobus s'arrêta et que le chauffeur cria : « Esh sham. » L'Est, ça voulait dire : Damas.

J'étais arrivé.

Au premier abord, la ville n'avait rien d'excitant. Une circulation polie, à peine un son plus fort que l'autre, un urbanisme soviétique bordé de montagnes enneigées ; un avant-goût d'Asie centrale. Où était le sens de l'humour dansant et dissipé qui m'avait tant séduit en Égypte ? Je ne savais pas encore que j'allais manger ici comme nulle part ailleurs, qu'on allait me recevoir avec une générosité infinie. Je ne savais pas non plus que ce voyage m'amènerait jusqu'aux rives de l'Euphrate, aux portes du pays des deux fleuves :

l'Irak. Pour l'instant, je ramassai mon bagage, sortis du bus et faussai compagnie à ma bande d'illuminés, sûrement moins intéressés à m'apprendre la religion qu'à me découvrir le derrière, ou qu'à m'envoyer me faire péter dans une foule.

J'étais arrivé.

Marta m'accueille comme un fils retrouvé, elle me serre longuement dans ses bras, les deux filles sont tout sourire. C'est bon de se sentir chez soi ; Leticia est d'une chaleureuse tendresse. Mais l'accueil des autres routards est tiède. En plus, l'hôtel est plein comme jamais, il y a un cinquième lit dans mon dortoir, il est presque collé au mien. Je tente de m'intégrer au groupe, je n'y arrive pas. On dirait des surfeurs, des étudiants cool de bonnes universités, le genre qui met du chasse-moustiques. Je les écoute planifier ce qu'ils vont faire cet après-midi, ce qu'ils vont manger pour souper, on dirait qu'ils exagèrent leur plaisir pour mieux m'isoler. J'ai envie d'en gifler un, histoire qu'ils comprennent que papa est de retour. Sans les saluer, je sors me balader.

Tout est différent, j'aurais dû m'en rappeler, la deuxième fois n'est jamais comme la première. Ce n'est pas aussi bon. La soirée me glisse entre les doigts, dernière nuit amazonienne, demain je serai loin.

Demain c'est proche. Mes écouteurs m'emportent déjà, à m'en éclater les tympans, je me soûle de chanteuses libanaises pleurant l'amour perdu.

J'ai le blues du Middle East.

Le balafré

Je suis posé à l'une des trois tables extérieures du café qui sert les meilleures omelettes jambon-fromage de la ville. Le jour se lève, les motocarros tracent, la poussière valse. À ma gauche apparaît un grand gringo, maigre et sale. Le corps à moitié caché derrière un buisson, il me fixe. J'envoie un petit coup sec de menton en sa direction, comme pour dire, qu'est-ce tu veux bâtard ? De longs cheveux graisseux pendent au-dessus de ses épaules squelettiques, une cicatrice rappelant Montana lui prolonge un sourire déloyal. Avec l'accent d'un pirate anglais, il me demande une cigarette. Je prends mon paquet pour lui en donner une mais je préfère finalement le lui tendre, pour qu'il se serve lui-même. Il doit savoir qu'il n'inspire pas confiance et je veux le déstabiliser ; le surpris est toujours le perdant dans une affaire. Je l'invite à s'asseoir. Il reprend foi en ses moyens, assurément il pense : « Qui inviterait une tronche comme la mienne à s'asseoir si ce n'est un pigeon ? »

Tel un prédateur fondant sur sa proie, il me romance sa vie, sans même me laisser le temps de placer un silence. Il est originaire de Manchester, il chill avec des stars de soccer là-bas, il a traversé l'Atlantique seul sur un voilier, le Venezuela c'est cool et pas dangereux, il a perdu son passeport en Guyane française, il traverse maintenant les frontières sans papiers, il s'est fait arrêter au Brésil, prison, expulsion, il se fout de tout, c'est le boss, etc. Plus je le regarde, plus je me dis que sa sale tronche me rappelle quelque chose. Je fouille ma mémoire à la recherche d'un indice mais je ne trouve rien. Lui, il trouve histoire sur histoire à déballer sur la table. Il est rendu à m'expliquer avoir acheté une pirogue au Pérou pour descendre le fleuve, quand j'ai soudainement un flash, je sais où j'ai déjà vu cette tronche de merde !

Dans l'hôtel à Iquitos, un portrait-robot collé au mur du dortoir. Sous le portrait, un avis de recherche sur cet homme dans la trentaine, au fort accent anglais et à la joue balafrée, accusé d'avoir volé plusieurs touristes. Je me demande si je ne devrais pas couper la conversation pour lui dire : « T'es pas un chanteur ou quelque chose ? Me semble que j'ai vu une affiche de toi à Iquitos ! » Je le laisse continuer à s'essouffler, j'ai encore du temps à tuer. Il a alors le malheur de me parler de l'Égypte : il a détesté les gens, je connais la chanson, et puisqu'il se la joue « gars le plus cool du monde », je la joue top cool aussi : « Du harcèlement en Égypte ? T'exagères, quand même ! » J'enchaîne en disant que j'ai travaillé là-bas avec les touristes et que c'est ce qu'il devrait faire ici, j'ajoute : « À toi ils vont te faire confiance ! » Il me dévisage, il cherche à comprendre. Souvent, chez les routards, plus ils sont crades, plus ils ont de l'expérience ; je contraste avec ma petite chemise blanche de Gino, ma barbe fraîchement taillée et ma coupe de cheveux « chanteur de bachata ». Je lui propose un café, il ne sait plus où se mettre, lui qui a plus l'habitude d'extorquer que de recevoir. Je lui commande aussi un verre d'eau locale et, voyant qu'il ne le boit pas, je bois le mien d'une traite et lui demande : « T'as pas soif ? » Cette fois il a vraiment un doute, il se demande qui je suis. Une chose est sûre, il constate que pour me pigeonner, il devra revoir sa stratégie.

Deux gringas éclipsent le soleil le temps qu'elles passent devant nous. Elles rejoignent notre terrasse et s'assoient à la table d'à côté. Mon Tony en herbe coupe sec la phrase qu'il venait d'entamer : « These fucking pigs were running after me and... » Il se rassoit sur sa chaise, comme s'il avait besoin de plus d'espace dans le haut de son pantalon, puis il interpelle les filles à la manière d'un hooligan. Je me dis c'est mort, mais si l'une le regarde avec une moue dégoûtée, l'autre lui répond. Elle est blonde, yeux bleus, Allemande, mini-shorts fleuris, camisole blanche et visage d'ange. Il lui parle comme on parle à une partouzeuse des bas-fonds de Londres : « So, you wanna get drunk tonight, hey ? » Elle lui répond en ne regardant que moi, « maybe », dit-elle en riant. Décidément, tout le monde surprend tout le monde ici, je regarde l'heure, j'ai juste le temps d'aller me doucher avant de rejoindre l'aéroport. Je paie la note, serre la main de Tony, salue la blonde, l'autre fille fait la baboune, et j'espère ne pas avoir aidé, sans le vouloir, le psycho-pathe à détrousser le visage d'ange.

En marchant je me retourne, le visage d'ange me fixe toujours, pendant que le balafré leur raconte l'his-toire qu'il m'a contée plus tôt, elle me dévore des yeux en fait, alors ça ne peut pas être un ange, de toute façon y a-t-il des anges dans la jungle?

La pièce de théâtre colombienne

Je me demande si Fabian va être à l'aéroport, je n'y compte pas trop. On s'est donné rendez-vous par e-mail il y a quelques jours. S'il ne vient pas, c'est pas grave, je prendrai un taxi pour la Candelaria, le quartier des hôtels bon marché, et je chercherai un dortoir.

Passé les contrôles de police, je marche lentement, cherchant mon ami dans une foule de visages impatients. Je le trouve avec ses cheveux en bataille et ses grosses lunettes d'intello. Il m'enlace comme un frère. Bogotá prendra une autre dimension avec lui, je le sens. On s'assoit à l'arrière d'un taxi, j'ai mon bagage sur les genoux et on file à toute allure à travers des rues aux murs couverts de graffitis. Fabian m'explique qu'il n'a pas pu emprunter la voiture familiale car, comme dans d'autres grandes villes du monde, les plaques ont le droit de circuler un jour sur deux et aujourd'hui est un jour où il ne peut pas utiliser la sienne.

On arrive chez lui, j'essaie de payer le taxi mais je n'ai pas de petites coupures et le chauffeur n'a pas de change. Fabian sourit devant mon empressement à payer et il sort tranquillement de sa poche le montant exact. Il habite au cinquième d'un immeuble sans ascenseur. Dans une ville à deux mille cinq cents mètres d'altitude, ça tient en forme. J'arrive essoufflé au seuil de la porte de l'appartement où il habite avec ses parents. Sa mère me reçoit comme si j'étais de la famille, elle m'offre bière, jus, café, « et veux-tu autre chose ? ». J'opte pour le café et fume une cigarette avec Fabian sur le balcon. Ils habitent en hauteur dans le quartier Chapinero, une localité bourgeoise de la ville. Comme s'il trouvait important de le spécifier, il m'explique qu'il a passé sa vie dans un bidonville et qu'il y a quelques années une de ses tantes leur a donné cet appartement.

Le père arrive, un air d'Hugo Chavez, la poignée de main prolétaire et le regard guérillero. Hugo est retraité, ancien prof d'université, proche des mouvements socialiste et d'opposition. Militant en faveur des laissés-pour-compte, il a perdu des collaborateurs, des proches et il a aussi échappé à une tentative d'assassinat ; il a dû s'exiler dans la jungle pendant une année. Fabian marche sur les traces du père, il me raconte son propre parcours politique et social. Les mois passés auprès des communautés autochtones, les associations de bienfaisance dans les bidonvilles, les manifestations, les nuits en prison, la pression constante, la filature, les menaces de mort et finalement Montréal. Il est maintenant de retour au pays et me dit qu'il ne le quittera plus tant qu'il n'ira pas mieux. Je lui témoigne alors mon admiration et, avec une lucidité mature, il me répond qu'il a fait le plus facile et qu'en tant que militant, la vraie difficulté commence le jour où on a des enfants.

J'ai rencontré Fabian chez Frankie, un ami colombien qui habite Montréal, à quelques coins de rue de chez moi. Il avait le nez plongé dans des livres de droit, il finissait un bac qu'il était venu faire au Québec. « On va se voir à Bogotá », m'a-t-il dit, je n'y croyais pas trop. Je venais d'acheter un billet d'avion, sur un coup de tête, après avoir hésité entre l'Inde, l'Égypte, le Brésil et la Colombie. L'Égypte et l'Inde n'étaient pas nouvelles pour moi, il fallait aller ailleurs. Le Brésil demandait vingt jours ouvrables pour délivrer un visa, je voulais partir plus rapidement. Bogotá, huit cents dollars, Delta Airlines, ça m'avait semblé bon. Fabian m'a tout de suite proposé d'aller chez lui, où ses parents me recevraient avec plaisir. Il a rajouté que, lorsqu'il arriverait en Colombie, il me présenterait le côté du pays qui m'inspirerait des chansons. Je lui posai des questions sur la sécurité à Bogotá, mon principal souci à cet instant-là. Il me répondit que ça allait. Il me raconta en riant la fois où il avait cassé le bras d'un voleur qui lui avait mis un couteau sous la gorge. Il avait conclu que, comme beaucoup de Colombiens, il refusait de laisser sa vie être dictée par la peur.

Hugo commande le souper d'un restaurant proche : soupe, poisson et riz. Du balcon, on voit le livreur arriver en scooter. Je n'ose pas offrir de payer le repas, de peur de froisser mes hôtes. On passe à table, ça parle Colombie, voyages, engagement et musique. Je spécifie que je suis loin de leur militantisme quand Chavez me félicite pour mon vidéoclip *L'Attente*, que Fabian lui a montré. Il rit de bon cœur quand je lui explique les réactions qu'il a suscitées chez le gouvernement canadien.

J'enchaîne en disant que c'est le meilleur poisson que j'aie mangé en Colombie. Je le regrette presque aussitôt devant leur air n'en fais pas trop. C'est pourtant la vérité, sûrement que l'ambiance familiale rehausse le goût. Je mange lentement, avec la main droite, comme je le fais quand je me sens bien, Chavez me fait la remarque qu'ici on n'est pas en Égypte. Nous éclatons tous de rire. Je suis le dernier à finir mon assiette, on débarrasse la table et Fabian me demande si je veux aller prendre un verre, j'ai plutôt envie de marcher.

Il fait déjà noir lorsqu'on déambule dans les rues du nord de Bogotá. Belles allées bordées d'arbres, terrasses, jeunesse décontractée, le paysage nocturne est agréablement différent de celui de la Candelaria. Nous arrivons à l'Université nationale ; Fabian veut me montrer l'endroit où il a étudié. La principale cour intérieure repose sous l'œil d'un Che Guevara géant, noblement peint sur le mur. Des étudiants jouent du saxophone, d'autres fument un joint, quand d'un seul coup retentissent des bombes assourdissantes. Un commando d'hommes vêtus en noir et cagoulés fait son apparition. Je sens l'odeur du danger. Fabian me dit, l'air amusé, « ce sont les Farc ». Je n'y crois pas, au centre de Bogotá, c'est pas possible. Ils doivent être une bonne vingtaine, avançant en deux colonnes côte à côte, leurs cris de guerre résonnent entre mes oreilles incrédules. Les gens s'écartent pour les laisser passer. Moi je reste planté là, sur leur chemin, hypnotisé. Je les regarde me dépasser, me demandant naïvement s'ils peuvent me kidnapper.

Fabian propose de les suivre. Je ne veux pas, je veux en même temps, on les suit. Ils s'arrêtent dans ce qui semble être le centre du campus, deux des leurs hissent leur drapeau sur un bâtiment, pendant que d'autres montent la garde et que d'autres encore, avec des canettes de peinture, taguent des slogans sur les murs. Celui qui doit être le leader adresse un court discours à la foule devenue spectatrice. Je me demande ce que les gens en pensent. Fabian me dit que les étudiants ne les supportent pas mais qu'ils se rangeraient de leur côté et combattraient la police s'il y avait altercation.

Le spectacle terminé, les Farc jettent de nouvelles bombes assourdissantes, l'une d'elles tombe près de moi ; je deviens sourd quelques secondes. Lorsque je retrouve mes esprits, Fabian me regarde, mort de rire. Il m'explique qu'aujourd'hui est le cinquantième anniversaire du mouvement et que de semblables opérations ont sûrement lieu un peu partout en Colombie. Il rajoute fièrement : « C'est la pièce de théâtre colombienne, tu ne pouvais pas partir sans l'avoir vue. » Les Farc s'en vont comme ils sont venus, le poing serré, la démarche militaire. Je suis fébrile.

On sort de l'université et on arpente des rues magnifiques, un peu bohèmes, un peu bourgeoises.

Quelques parfums de femmes, de grillades et de diesel s'entremêlent, un air de bachata s'échappe d'une voiture, j'aimerais m'en imprégner, j'aimerais communier le plus fort possible avec la Colombie, une dernière fois. Mon avion part demain très tôt. La pièce est jouée, il n'y aura pas de rappel, la nuit tire le rideau. Il est toujours aussi excitant de partir que de rentrer, partir pour découvrir, rentrer pour raconter. Et cette fois, je ramène des souvenirs, il était temps, j'ai toujours voulu écrire. Je reviendrai feuilleter ces pages pour rire, pour entendre le bruit du moteur sur le fleuve, pour sentir les vagues secouer la pirogue, pour revoir Camilo, Daniel, le Gitan, et tous les autres, Fraîche du jour, Crocodile Pussy, même l'asperge ; tous ces portraits que j'ai eu le plaisir de peindre. Je reviendrai voir dans leurs yeux danser des parfums d'Italie jusque dans les chiottes, des accords de guitare au caisson défoncé, des chaleurs assommantes et des cuisses de Colombiennes cuivrées. Je reviendrai chercher la tendresse du hamac, le sourire de Leticia.